Woke, cristianismo y sentido común

Daniel Arasa

ARASA, Daniel.: *Woke, cristianismo y sentido común*, Prólogo de Jordi Soley, Ideas y Libros Ediciones, Madrid, 2025, 254 pp. 148X210 mm.

Edición al cuidado de Germán Rueda. Cubierta GrafismoY.

Papel: ISBN - 979-13-88088-02-5 **EAN** 979-13-88088-02-5

Digital: ISBN - 979-13-88088-03-2 **EAN** 979-13-88088-03-2

Depósito legal: M-24649-2025

Una vez superados los gastos de producción, los derechos de autor correspondientes a este libro serán donados a *Cáritas*

Ideasylibros.ed@gmail.com

https://ideasylibrosediciones.blogspot.com/

PAPEL: Librerías.

Amazón, Casa del Libro, y otras plataformas de venta online como https://www.agapea.com/ en Península Ibérica, Canarias y Baleares

Además: **grupoediciones19.bajodemanda.com**

Alemania * Próximamente

Argentina *CUSPIDE http://www.cuspide.com/ *MANDRAKE mandrakelibros.com.ar *OZONUM Mercado Libre https://listado.mercadolibre.com.ar/

Brasil *O ATENEUM www.oateneum.com.br/

Colombia *LEMOINE EDITORES www.librosyeditores.com *BIBLIOSTORE Mercado Libre https://listado.mercadolibre.com.co/ *LIBRERIA DE LA U www.libreriadelau.com / **Chile**

*BIBLIOSTORE CHILE - Mercado Libre https://www.mercadolibre.cl/ *Voy a Leer www.voyaleer.cl / *WePrint

Ecuador *POWER STORE BOOKS www.powerstorebooks.com *THE BOOKS LINK www.thebookslink.com/

Estados Unidos: *Ingram-US

Guatemala *SOPHOS /

Italia * Próximamente

Méjico *BIBLIOSTORE México - Mercado Libre https://www.mercadolibre.com.mx/ *Librerías GANDHI

www.gandhi.com.mx/ *Librerías GONWIL www.gonvill.com.mx/
Perú *ALEPH IBD (Mercado Libre)
https://listado.mercadolibre.com.pe/ *Librería SBS
https://www.sbs.com.pe/
Uruguay *MERCADOLIBROS (Mercado Libre)
https://mercadolibros.uy/ *PALACIO DEL LIBRO S.A.
www.libreriapocho.com.uy

DIGITAL: https://www.casadellibro.com/ ¿Desde dónde se pueden comprar los eBooks? España, Portugal, Austria, Alemania, Argentina, Bélgica, Chile, Chipre, Colombia, Eslovaquia, Eslovenia, Estonia, Finlandia, Francia (Guayana Francesa, Guadalupe, Martinica, Reunión, San Pedro, Miquelón, Wallis y Futuna.), Grecia, Irlanda, Italia, Luxemburgo, México, Mónaco, Países Bajos, Polinesia Francesa, Reino Unido, Suiza. ADEMÁS https://vivlio.casadellibro.com/ Argentina, Chile, Colombia, España, Francia, México y Reino Unido

/

Woke, cristianismo y sentido común

A los que quieren cambiar el mundo,
y se vuelcan en ello

ÍNDICE

Prólogo

Que el fenómeno woke ha sido uno de los rasgos característicos del primer cuarto del siglo XXI es una obviedad. El wokismo ha sacudido las sociedades occidentales, ha casi monopolizado los debates públicos y ha influido, lo queramos o no, en nuestro modo de vivir y de relacionarnos. No es de extrañar pues que se hayan dedicado muchas páginas a exponerlo y analizarlo. Primero por parte de sus partidarios, que lo presentan como el anuncio de la buena nueva de un despertar con evidentes concomitancias con aquel puritanismo que surgió hace ya unos siglos; después por sus detractores, que lo diseccionan analizándolo como una plaga social que hay que combatir para recuperar la cordura. Los libros, artículos, podcasts… en torno a lo woke son numerosos. Surge, pues, la pregunta: ¿tiene sentido seguir dándole vueltas al asunto?

La cuestión se ha planteado recientemente, tras el regreso de Trump a la presidencia de los Estados Unidos con un programa que tiene como uno de sus pilares el combate contra la ola woke. Otro tanto puede decirse de la victoria de Milei en Argentina o de Meloni en Italia. Incluso políticos que no han hecho del rechazo a lo woke su bandera se suman al carro y cambian directrices para superar lo que muchos consideran ya una enajenación mental colectiva y transitoria. Las instrucciones para evitar el llamado "lenguaje inclusivo" por parte de los gobiernos de Merz o Macron serían muestras de que la corriente ha cambiado de signo. Esta visión incluso tiene nombre propio: "peak woke", para señalar que lo woke sería como una enfermedad agresiva que parecía avanzar sin que ni paracetamoles ni ibuprofenos pudieran hacerle frente pero que, a estas alturas, ha llegado a su pico y empieza a remitir de manera natural, completado su ciclo.

Algo de esto es cierto: una mirada a los medios de comunicación, a las series y películas, o incluso a las campañas publicitarias en Estados Unidos nos confirman que algo ha cambiado, que estamos en una nueva fase y que lo woke ha quedado desacreditado para cada vez mayor número de personas. Compárense los anuncios de hace unos años de grandes marcas de ropa con los actuales y se constatará que hemos cambiado de casilla (el de American Eagle es el más obvio, aunque la dimisión del CEO de Jaguar Land Rover, Adrian Mardell, responsable de la reorientación woke de la marca de coches es también muy significativo). Y sin embargo, creo que no hay que dar por muerto al wokismo; al contrario, hay motivos de peso para seguir dedicándole atención al fenómeno woke.

En primer lugar porque en esta orilla del Atlántico lo woke sigue campando a sus anchas. En las sociedades europeas, mucho más penetradas por la administración pública, el wokismo es la ideología oficial del Estado, impuesta por una miríada de organismos y normativas que, cual espesa tela de araña, nos tienen aprisionados en sus mantras woke. Aquí seguimos con las mismas cantinelas (cada vez más forzadas y surrealistas), seguimos cancelando al disidente, seguimos destinando ingentes recursos a mantener en funcionamiento la maquinaria estatal de adoctrinamiento ideológico wokista que se ha convertido en el modus vivendi de numerosos funcionarios y departamentos de recursos humanos, por citar dos de las bolsas de empedernidos wokistas (les va el trabajo en ello) más significativas.

Por otro lado, no hay que olvidar que el wokismo es una mentalidad. No estamos aquí hablando de algo material que pueda ser desmontado sin más, sino de algo que, aunque tenga repercusiones muy concretas en nuestras vidas, habita en nuestras mentes. Algo que ha llevado décadas construir y que llevará también un tiempo considerable desmontar. Estoy convencido, pues, de que la tarea de analizar el wokismo, exponer sus falacias y proponer una mirada alternativa a nuestro mundo, sensata y realista, nos mantendrá ocupados aún durante bastante tiempo. Especialmente si recordamos aquel certero adagio de que no se elimina aquello que no se sustituye. No basta con denunciar las falsedades, las fallas lógicas de la ideología woke, es necesario, para liberar a nuestra sociedad de su nefasta influencia, sustituirla por una nueva mentalidad, capaz de mirar con agradecimiento a la realidad, liberada de aquellos prejuicios y victimismos esterilizantes en que el wokismo nos aprisiona.

Cuando Daniel Arasa me habló de este libro no pude por menos que pensar que era un acierto y que precisamente él era una de las personas más apropiadas para esta importante labor. Conozco a Daniel desde hace muchos años, por lo que he podido ser testigo de su compromiso con la verdad, asumiendo los costes, muy reales, de no callar ni disimular lo que uno ve con sus propios ojos. Periodista de largo recorrido, promotor de innumerables iniciativas, siempre inquieto, siempre curioso, siempre deseoso también de saber más, Daniel Arasa ha sido y es un magnífico testigo de los cambios sociales y culturales que vivimos. Además, Daniel reúne dos rasgos que, aunque a primera vista pudieran parecer contradictorios, se complementan y potencian: por un lado, esa búsqueda de la verdad sin medias tintas, por otro una bondad que le permite ponerse en el sitio del otro y ser capaz de buscar terrenos en los que pueda haber acercamiento.

El libro que ha escrito Daniel Arasa tiene personalidad propia. Es el libro de un periodista, que no se anda por las ramas ni infla sus argumentos buscando una falsa erudición. Es también el libro de un cristiano convencido, que no renuncia a su fe a la hora de entender el mundo pues sabe que ésta no es una muleta para entendimientos débiles, sino que al contrario, arroja luz sobre cualquier realidad. Es también el libro de una persona buena que busca tender puentes y entablar un diálogo respetuoso con los ideólogos wokistas. Es éste un deseo que el autor reconoce que no es para nada asumido de forma unánime. Y no por maldad o desconfianza, sino, creo yo, por un cierto realismo.

A este respecto puede ser de utilidad recordar la teoría de las dos realidades que expone Eric Voegelin en su libro "Hitler y los alemanes", que recoge las conferencias impartidas en 1964 en el marco de un curso en la Universidad de Múnich. Allí advierte de una dinámica intelectual propia de las ideologías, en el caso analizado totalitaria, pero que creo se puede aplicar perfectamente al wokismo. Explica Voegelin que esas ideologías ansían implantar un orden falso en lugar del verdadero, que es precisamente lo que pretende el wokismo. "Lo que sucede es que la imagen falsa de la realidad termina sustituyendo a la auténtica realidad… El hombre cesa de vivir, entonces, en la realidad, para pasar a hacerlo bajo una imagen falsa de la misma que reputa verdadera o genuina". ¿Cómo no ver en estas palabras esa falsa realidad woke donde todos los hombres somos depredadores sexuales, el tener la piel blanca te convierte automáticamente en cómplice del esclavismo o afirmar la realidad biológica de los sexos te convierte en culpable de delito de odio? Voegelin recurre al diálogo entre Don Quijote y Sancho Panza en el episodio de los molinos de viento para ilustrar esta disociación entre primera y segunda realidad. El uno ve la realidad tal cual es, el otro vive en una segunda realidad, convencido de que realmente se está enfrentando a poderosos y malvados gigantes. Concluye Voegelin: "Si ambas realidades no se concilian o sincronizan no puede haber diálogo que valga". ¿Significa eso que hay que renunciar a todo diálogo con quien vive enajenado en el constructo woke? No lo creo. Siendo conscientes de su dificultad, no podemos renunciar a conversar y dar argumentos. Ciertamente serán descartados en la mayoría de las ocasiones, porque, ¿qué puede enseñar un tránsfobo patriarcal y colonial a un wokista? Y aun así, insistiremos porque sabemos que la mentira no puede persistir eternamente, que la realidad existe, y que finalmente se impone... por las buenas o por las malas. Son cada vez más quienes despiertan de la enajenación woke a golpe de realidad, desde postfeministas como Mary Harrington o J.K. Rowling hasta detransicionadoras como Keira Bell. Y serán más con cada día que pase. Entonces, libros como el de Daniel Arasa les ayudarán a comprender que esa segunda realidad woke en la que muchos viven es un constructo intelectual falso y dañino.

Jordi Soley

Introducción

La palabra woke ha entrado en el vocabulario de muchas personas en fecha muy reciente, al menos en España y en la mayor parte de países del mundo. Aún hoy son relativamente pocos los que han asumido de forma más o menos concreta lo que significa y cuáles son sus objetivos.

Las referencias a lo woke se han multiplicado a raíz de la campaña de las últimas elecciones norteamericanas (noviembre de 2024) en la que Donald Trump y su candidatura republicana mostraron hostilidad radical a lo woke. Sin usar tal nombre, el partido demócrata y su candidata Kamala Harris estaban plenamente alineados con este fenómeno. En cualquier caso, en poco tiempo ha pasado a formar parte de los temas de debate ideológico en una sociedad tan polarizada como la actual.

A diferencia de otros países, en Estados Unidos el debate sobre lo "woke" (o el wokismo como lo denominan otros) llevaba varios años, siendo a menudo motivo de tensiones. Y no solo por sus vertientes estrictamente "políticas", sino por su contenido ideológico que afecta hasta lo más profundo del ser humano, al que, en algunos aspectos, redefine en su naturaleza. Lo woke implica cambios antropológicos y, por ello mismo, trasciende el debate político y los programas de partidos, con implicaciones en otros muchos campos.

Lo woke es una amalgama ideológica en la que

confluyen la ideología de género, el feminismo, lo trans, el antirracismo, la reivindicación de reparación histórica, el ecologismo radical, los indigenismos, la cultura de la cancelación, los animalismos…, todo un *pack* con muchas vertientes que ha sido asumido en los últimos tiempos por buena parte de los partidos de izquierda de países occidentales. Pero, como se decía antes, va mucho más allá de lo político.

Por significar una visión del ser humano, o, mejor, la confluencia de diversas visiones heterogéneas pero que en el fondo son coincidentes en lo fundamental, choca en muchos aspectos con otras cosmovisiones. Entre otras con la concepción cristiana del hombre.

¿Por qué son tan divergentes la visión cristiana y lo woke? Se analizará a fondo en este libro, pero apuntemos que parten de fundamentos antropológicos y teológicos opuestos. Donde el cristianismo ve un orden objetivo querido por Dios, el pensamiento woke ve construcciones sociales que deben ser deconstruidas. Aquel busca redención y unidad en Dios, el otro, justicia social mediante el activismo y el cambio estructural.

Miguel Ángel Quintana Paz, conferenciante, polemista en redes y en debates televisivos o radiofónicos, que fue profesor en la Universidad Pontificia de Salamanca, en la Universidad Europea Miguel de Cervantes (Valladolid) y en el Instituto Superior de Sociología, Economía y Política (ISSEP), señala que estamos ante "una propuesta cultural muy diferente a la civilización de la cual vivimos, la civilización de raíces judeocristianas y grecorromanas. Esta propuesta cultural alternativa tiene varios nombres: ideología *woke*, progresismo, *Social Justice Warriors* (justicieros sociales), etc. Debido a su inter-seccionalidad, algunos prefieren denominarla 'ideología invisible', que también me parece un buen nombre. Quizá la mejor definición sea 'lo *woke*', a pesar del anglicismo. Supone una cierta referencia al *awakening*, a todos esos despertares religiosos que ha habido en las sociedades anglosajonas. Lo de despertar religioso es interesante, porque es una nueva religión y pretende constituir una nueva cultura religiosa, viene a sustituir el mundo religioso y cultural judeocristiano y grecolatino. Viene a sustituirlo, pero, obviamente, no llega desde Marte, sino que aprovecha ciertas fallas, ciertas posibilidades que da la civilización occidental".

Por su lado, Francisco Contreras, catedrático de Filosofía del Derecho de la Universidad de Sevilla y ex diputado, refiriéndose a dicho movimiento en su libro *Contra el totalitarismo blando*, afirma: "No creo que haya una coordinación central, sino una convergencia espontánea de diversos sectores: la izquierda necesitada de encontrar recambios para el socialismo fracasado, las grandes empresas deseosas de hacerse perdonar sus (legítimos) beneficios, los jóvenes necesitados de encontrar sentido existencial y una causa por la que luchar (el wokismo está secuestrando y encauzando en una dirección equivocada el noble idealismo juvenil; les dice a los chicos que deben luchar por los débiles y oprimidos, y que estos son las mujeres, las razas distintas de la blanca, los homosexuales...)".

Desde el cristianismo europeo, y en concreto el catolicismo, durante bastante tiempo no se prestó mucha atención a tal fenómeno, pero en los últimos años algunos sectores son conscientes de que representa un vuelco a la concepción cristiana. Que transforma las mentes y, a la postre, aleja al ser humano de lo que el cristianismo cree que es lo deseado por Dios.

Por ello nos sumamos a una batalla cultural y espiritual para hacer frente a lo woke. Consideramos especialmente urgente y necesario trabajar en este campo para contribuir a dar un vuelco a las mentes y las conciencias de las personas en las que tal amasijo ideológico ha penetrado hasta el fondo. Ayudar a volver al sentido común. Los woke sostienen posiciones tan estrafalarias en algunos aspectos, tan alejadas de la realidad social o de la biología que la aplicación del sentido común las diluirá como un azucarillo en el agua, aunque ocurra de forma más lenta, porque, en frase que se atribuye a Einstein, "es más fácil desintegrar un átomo que un prejuicio". Con el paso del tiempo muchos woke se darán cuenta que lo suyo no encajaba con la realidad.

Este es un libro de combate frente a ideas que consideramos erróneas a las que rechazar y desmontar, pero pretende ser respetuoso con las personas y trazar puentes de encuentro. Nunca contra las personas. Tenemos la seguridad de que los woke están equivocados y pretendemos que lleguen a la verdad o que retornen a ella si se apartaron. El cristiano no tiene enemigos. En todo caso, el enemigo es el diablo, es el pecado, no las personas. El cristiano tiene los brazos abiertos a todos. El amor, la misericordia, están en el núcleo central de su pensar y actuar.

De despertar al débil a controlar a todos

¿Qué es la cultura woke?

Traducido al español, el término woke significa "desperté", pero en la realidad su concepto y su contenido actualizados resultan bastante intraducibles, porque se ha convertido en una visión global de la persona y del mundo con múltiples facetas. El sociólogo Amando de Miguel escribió en *Libertad Digital*: "La forma de pensar más típica de nuestro tiempo es el progresismo woke. La palabreja no tiene traducción posible. Se desparrama en sus atrabiliarias creencias sobre el cambio climático, el feminismo desbocado, el ecologismo puritano y la agenda 2030, entre otras lindezas. La asunción de tales oscuras tesis se hace con tanta seguridad que parece una especie de decálogo de una religión sustitutiva, mundana. Sus defensores se saben en la verdad científica y moral, y desprecian a los que expresan dudas, tachándolos de 'negativistas', una mezcla de herejes y desinformados. Asombra esa actitud de true believers (sectarios o fanáticos creyentes). En asuntos, teóricamente, tan discutibles, el progresismo los presenta como dogmas o axiomas. Es decir, no necesitan demostración; basta con su revelación a la minoría de iniciados. El haber investigado sobre un asunto confiere una especie de certificado de autenticidad. Como es natural, sobre ese particular no cabe un diálogo sereno, desapasionado. El progresista acaba aduciendo: o estás conmigo o estás contra mí. Resulta inquietante discutir con una persona que piensa de esa manera; se siente uno inferior".

En su origen, woke venía a significar un despertar conciencias ante la injusticia. En 2017 el diccionario de Oxford lo definía como el conjunto de ideas de "aquellas personas conscientes de los problemas sociales y políticos, en especial el racismo", pero aquel original "estar despierto" o ser consciente de las injusticias sociales ha evolucionado y el término woke se ha vuelto muy polémico. Hoy se usa tanto para describir posturas progresistas como para criticarlas por excesivas o dogmáticas.

Origen y utilización

Aunque el término woke no sonaba apenas hasta hace muy pocos años, en realidad empezó a utilizarse en la década de los 30 del siglo XX por núcleos afroamericanos de los Estados Unidos como respuesta a la discriminación racial, pero una presencia pública importante no se dio hasta la segunda década del siglo XXI a raíz de surgir el movimiento Black Lives Matter y ser impulsado por éste.

Black Lives Matter (BLM), significa "Las vidas negras importan", o "Las vidas de los negros cuentan", o "Las vidas de los negros son importantes". Es un movimiento internacional y descentralizado originado dentro de la comunidad afroamericana de los Estados Unidos. Comenzó en 2013 con el uso del hashtag #BlackLivesMatter en las redes sociales, después de que George Zimmerman, un vigilante de una zona urbana de Sanford (Florida), fuera absuelto de la muerte del adolescente negro Trayvon Martín, estudiante de 17 años, a causa de un disparo de bala. La muerte del joven se había producido el 26 de febrero del año anterior.

El movimiento fue fundado por tres líderes de la comunidad afroamericana: Alicia Garza, Patrisse Khan-Cullors y Opal Tometi (otros les suman también como fundadores a Shaun King, DeRay Mackesson, Johnetta Elzie y Tef Poe) y comenzó a ganar reconocimiento a nivel estadounidense por sus manifestaciones después de la muerte de otros dos afroamericanos en 2014, Michel

Brown y Eric Garner, lo que dio lugar a protestas y
disturbios en las ciudades de Ferguson (Missouri) y de
Nueva York. En los años siguientes el movimiento orga-
nizó manifestaciones en diversas ciudades de los Estados Unidos en contra de las muertes (asesinatos, afirma-
ban) de numerosos afroamericanos por acción policial,
entre ellas las de Tamir Rice, Eric Harris, Walter Scott,
Jonathan Ferrell, Sandra Bland, Samuel DuBose, Freddie
Gray, Ahmaud Arbery, Breonna Taylor y George Floyd.

Catalizador especialmente importante fue la
muerte en mayo de 2020 de aquel último, George Floyd.
Este afroestadounidense de 46 años de edad y con diversas detenciones e internamiento en cárceles por varios
delitos, fue asesinado luego de ser arrestado por la policía de Mineápolis tras intentar, al parecer, usar un
billete falso en una tienda de comestibles. Floyd fue
inmovilizado en el suelo apretándole el cuello y con tres
policías presionando su cuerpo. Durante 9 minutos y 29
segundos, imploró por su vida, llegando a decir 20 veces
"I can't breathe!" (¡no puedo respirar!), rogándole al
agente que le mantenía cogido. Gente que se agrupó
alrededor también gritó al policía que se levantara de
encima del detenido, y algunos de los allí presentes
grabaron con sus móviles lo que estaba sucediendo. Al
cabo de unos minutos, se veía a Floyd en el suelo sin
mostrar signos de vida, siendo declarado muerto al llegar
al hospital. Una autopsia privada contratada por la familia de Floyd reveló su muerte como resultado de una
asfixia mecánica, confirmando la sospecha de homicidio
por estrangulamiento.

El grito de 'I can't breathe!', las últimas palabras
de Floyd antes de morir, se convirtió en lema de protesta

del movimiento en las manifestaciones que se organizaron en diversas ciudades de Estados Unidos por su muerte y la de otras personas negras, así como en contra del racismo y la brutalidad policial. En algunas de las marchas se produjeron disturbios. Se cuestionaba la falta de respuesta de las autoridades ante crímenes de odio racial y se exigía la detención de los policías responsables de la muerte de Floyd. Las protestas se expandieron también a otros países del mundo.

En Estados Unidos los promotores del movimiento llegaron a mantener contactos con las más altas autoridades del país y con los dirigentes de los partidos demócrata y republicano, y muchas de las protestas se hicieron ante sedes de instituciones públicas.

Alicia Garza, una de las fundadoras del movimiento, resumió la filosofía de éste de la siguiente manera: "Cuando decimos Black Lives Matter, estamos hablando de las formas en las que los negros se ven privados de sus derechos humanos básicos y de la dignidad. Es un reconocimiento de la pobreza negra y del genocidio, es un estado de violencia. Es un reconocimiento de que un millón de personas negras están encerradas en jaulas en este país (Estados Unidos). La mitad de las personas en las prisiones son negras, lo que es un acto de violencia estatal. Es un reconocimiento de que las mujeres negras siguen soportando la posibilidad de un asalto implacable a sus hijos, y a sus familias, asaltos que son un acto de violencia de Estado".

Garza siguió diciendo: "Los negros homosexuales y las personas transgénero llevan una carga única en una sociedad heteropatriarcal que dispone de nosotros como basura y al mismo tiempo nos fetichiza, nos resta valor, esa es la violencia del Estado; el hecho de que 500.000 personas negras de los EE.UU. son inmigrantes indocumentados y relegados a las sombras, es la violencia del Estado; el hecho de que las niñas negras son utilizadas como moneda de negociación du-rante los conflictos y la guerra, es la violencia del Estado; los negros que viven con discapacidades y diferentes capacidades, soportan el ser víctimas de experimentos darwinianos patrocinados por el Estado que tratan de acomodarnos en cajas de normalidad definida por la supremacía blanca, es la violencia del Estado. Y el hecho es que la vida de las personas negras -no todas- sucede dentro de estas condiciones, y es consecuencia de la violencia del Estado".

Según la organización afroestadounidense *Blackpast*, el Black Lives Matter se habría inspirado en el Movimiento por los Derechos Civiles en los Estados Unidos, en el feminismo negro de 1980, en el movimiento contra el apartheid de Sudáfrica, el activismo LGTBI+ y la protesta de Occupy Wall Street (una rama de grupos de izquierdas contra la desigualdad económica, las grandes financieras y la influencia del dinero en la política).

A la vista de todo ello es justo reconocer que hay mucha razón en la protesta ante un agravio histórico que, al menos en parte, persiste en la actualidad. Más aún, la iniciativa despierta simpatía, aunque se reconozcan algunos excesos en el actuar de los manifestantes indignados. Es una sublevación contra el racismo, contra los abusos policiales sobre las personas de raza negra y contra su marginación económico-social.

Otra interesante perspectiva sobre el origen y, de manera especial, del crecimiento de lo woke, la aporta el sociólogo Luca Ricolfi, profesor universitario en Turín, presidente y responsable científico de fundación David Hume, autor del libro *Lo demencialmente correcto*. Entrevistado en *Il Timone* por Francesco Boezi manifestó:

"No ha habido un verdadero *incipit*, (de lo woke) aunque

ciertamente se produjo una aceleración entre 2005 y 2010 por la aparición -en el brevísimo espacio de cinco años- de las herramientas tecnológicas que permitieron y fomentaron el auge de la cultura *woke*: YouTube, Facebook, Twitter -ahora X-, WhatsApp, Instagram, el iPhone, sobre todo los modelos a partir del iPhone 4, que permiten ver vídeos y navegar fácilmente por las redes sociales.

"Esta tecnología ha difundido ampliamente, en una época dominada por los demócratas -con los ocho años de presidencia de Obama-, el poder de intimidación que es la base insustituible del avance de la cultura *woke*: todo el mundo, de repente, tomó conciencia de que dispone de herramientas para atacar a sus vecinos *on line*, pero al mismo tiempo de que no dispone de herramientas para defenderse de las campañas de odio.

"La cultura *woke* ha sido rápida y muy hábil a la hora de explotar esta situación, gracias a la adhesión del *establishment* a su credo".

Sobre las políticas que le permitieron prosperar declaró que varía según los países y los contextos institucionales, precisando:

"En Estados Unidos los medios clave han sido dos. En primer lugar, las políticas DEI (acrónimo de Diversidad, Equidad, Inclusión) adoptadas por muchas empresas y grandes organizaciones, que promulgaron códigos de conducta y aplicaron políticas de contratación basadas en la 'discriminación a la inversa', imponiendo cuotas en favor de categorías protegidas, en particular minorías raciales, étnicas y sexuales. En segundo lugar, en las universidades, los llamados BRT (Bias Response Team), aparatos administrativos destinados a recoger y tramitar las denuncias de comportamientos, más o menos hipotéticos, políticamente incorrectos.

"En el Reino Unido, la cultura *woke* fue alimentada principalmente por el lobby LGBT Stonewall -comprometido a defender la reputación de las empresas alineadas con el credo *woke* - y la clínica Tavistock que fomentaba las transiciones de género -tratamientos hormonales y cirugías- con efectos especialmente perturbadores en el caso de los adolescentes.

"En España y Alemania fueron los gobiernos los que introdujeron la *auto-identificación* desde arriba, es decir, la posibilidad de elegir arbitrariamente el propio género, a pesar de la oposición de muchas feministas.

"En Italia, la cultura woke ha infestado sobre todo las universidades, las instituciones culturales y la política, impidiendo a menudo materialmente el ejercicio de la libertad de expresión y la manifestación del pensamiento de sujetos indeseables: judíos, profesores independientes, autores de derechas, asociaciones católicas".

Ricolfi manifiesta que han apoyado lo woke "de manera general los partidos llamados progresistas, pero sobre todo la mayoría de los medios de comunicación, a menudo condicionados por la bondad de las intenciones declaradas de la cultura *woke*. Sin embargo, hay excepciones importantes: no sólo los medios de comunicación conservadores, sino también algunos periódicos progresistas".

Añadimos que un cambio importante se produjo hacia 2020, momento en que para muchos lo woke empezó a tener una connotación negativa, dado que en poco tiempo fue perdiendo su significado original, quedando como algo relacionado con la izquierda y alejado de su definición inicial centrada en el racismo, para asumir otros planteamientos y abriendo un debate político, social, económico y, en algunos aspectos, hasta religioso. Wokismo o woke se entiende hoy como un término que engloba, entre otras, diversas corrientes e ideologías que promueven una visión particular en relación con la identidad de género, el ecologismo, la equiparación de los animales a las personas, las exageraciones o falsedades históricas del indigenismo, la idea de existencia de un racismo sistémico o de una masculinidad tóxica…

Dicho de otra forma, el wokismo es un fenómeno que se autodefine como una visión progresista global, y está asociado a movimientos como el feminismo, los derechos LGTBI+, el ecologismo y la lucha contra el cambio climático y otras corrientes de reivindicación social. Sin embargo, no es solo un conjunto de causas, sino también un marco interpretativo que introduce unos vectores característicos:

El revisionismo histórico: Una lectura 'justicialista' de la historia que juzga el pasado con criterios morales contemporáneos, reinterpretando episodios históricos para adaptarlos a las sensibilidades actuales. La historia más que en un análisis objetivo de hechos sucedidos se convierte en un instrumento político.

La cultura de la cancelación: Una tendencia a silenciar, marginar o excluir a quienes se desvían de los dogmas ideológicos predominantes, bajo la premisa de que ciertas opiniones o comportamientos son inaceptables dentro del marco woke. Este ha generado neologismos y desarrollado una legislación asfixiante que persigue a quien no piense igual sobre estos temas, induciendo a la autocensura para "no meterse en líos" o verse abocado a la cancelación.

Atribuir la acusación de "fóbico" a todo aquel que pueda expresar discrepancia (homofóbico, transfóbico, xenofóbico, aporofóbico…) sin dar cabida a que se le vea simplemente como quien sostiene un punto de vista distinto.

Tales líneas de pensamiento y acción han impregnado en los últimos años el discurso y la praxis de mu-

chos gobiernos a todos los niveles político-adminis-
trativos, así como de instituciones internacionales que lo
promueven e incluso imponen a otros gobiernos y
países. La bandera de la mayoría de los partidos de izquierda ha pasado de los cambios económico-sociales en
pro de los menos favorecidos a unos nuevos supuestos
derechos, que en buena parte son los de minorías sexuales, con unas líneas de acción no dirigidas solo a la
exigencia de respeto a las personas que forman parte de
tales minorías, sino, sobre todo. a imponerlas como pensamiento único al resto de la sociedad.

Es una ideología en la que, como se ha dicho,
confluyen tanto los liberales como los socialistas y comunistas. Estos últimos las han asumido con entu-
siasmo. En el caso de España, está encarnado de manera
especial en partidos como Unidas Podemos y en dirigentes como Irene Montero.

Es la ideología imperante en Hollywood, asumida
y difundida por la mayor parte de la prensa de los países
occidentales, y promovida por la mayoría de instituciones, gobiernos y centros educativos.

Por supuesto, tal ideología asume el derecho al
aborto, la eutanasia, la ideología de género en todas sus
vertientes, lo trans, incluye agresividad contra la familia
y contra la Iglesia… Cuando se suman aspectos tan
diversos el resultado es todo un esperpento... pero asumido por muchos.

A la vez, es dictatorial contra todo lo que se opo-
ne a ello. Como apoyar el encarcelar objetores de conciencia o personas que rezan cerca de un abortorio, o el

acoso persistente a la Iglesia Católica. Ejemplos recientes de esto último se tienen en Polonia, en que miembros de partidos del Gobierno quieren prohibir la confesión de jóvenes antes de los 16 años. O en España, en que pretendían forzar por ley a que se dé la comunión a quien el gobierno o el partido dominante quiera. Derivó del hecho que un sacerdote se negó a administrarla a un alcalde homosexual que públicamente vivía en pareja. ¿Puede un gobierno decidir a quién la Iglesia da la comunión?

Como se irá viendo, lo woke lleva a grandes cambios en muchos campos, desde el demográfico hasta el ético y moral.

Una sociedad sentimental ha favorecido lo woke

Vivimos en una sociedad en que el sentimiento es priorizado por encima de la razón, de la reflexión, lo cual ha creado un terreno fértil que facilita el auge del fenómeno woke. Es una época en que las emociones -especialmente las relacionadas con la identidad, la pertenencia, el dolor y la injusticia- han tomado el centro del escenario. Un simple ejemplo: en redes sociales, los discursos que generan indignación, compasión o rabia tienden a viralizarse muchísimo más que los que contienen argumentos pausados o complejos.

Como se dijo, el fenómeno woke nació con un "estar despierto" ante las injusticias sociales, especialmente aquellas que afectan a minorías. Esto implica una elevada sensibilidad hacia el sufrimiento y la exclusión, lo que impacta en una sociedad muy emocional, que puede estar mucho más dispuesta a escuchar y a amplificar voces que antes eran ignoradas.

Tal disposición tiene sus ambivalencias. La sensibilidad en pro de los marginados es muy positiva y la historia muestra que muchas transformaciones sociales se produjeron cuando la gente dejó de tolerar el sufrimiento de otros, es decir, cuando se movilizó emocionalmente. Pero tiene también su reverso, ya que cuando el sufrimiento, la sensación o la emoción percibidas se convierten en algo absoluto y criterio último de legitimidad se puede incluso dejar de razonar sobre si aquello es una realidad o no. Y, también, no cuestionarse si ante los acontecimientos caben formas de actuar distintas de las que proponen los woke, o es exigible seguir a éstos. La frase "mi verdad" es un ejemplo de cómo la experiencia emocional se ha equiparado o incluso puesto por encima de la evidencia objetiva. Esto ha desembocado en que muchos temas, incluidos los del ámbito social y político, se aborden desde la vivencia subjetiva más que desde el análisis estructural o racional. Si se deja de lado la reflexión, el análisis estructurado o el debate racional se corre el riesgo de que el activismo se vuelva dogmático, volátil o superficial.

La llamada "cultura de la cancelación" se inscribe también en esta dinámica. En vez de discutir ideas se responde con rechazo emocional o con etiquetas morales absolutas. Si alguien dice algo que hiere o incomoda, aunque no sea incorrecto desde un punto de vista racional, puede ser condenado más por cómo se sintió el receptor que por lo que se dijo objetivamente. Esta cultura de la cancelación va ampliando sus tentáculos y no admite disidentes. Una muestra de ello, que aunque sea puntual es significativa, es que en junio de 2025, dos librerías de San Francisco -ciudad en que la impronta gay es importante- retiraron de la venta los libros de J.K. Rowling, la famosa autora de la saga de Harry Potter, por su defensa del sexo biológico y oponerse a la ideología de género.

Por tanto, para volver al sentido común, sin rechazar el sentimiento, es necesario un equilibrio entre emoción y razón, sensibilidad y análisis.

El victimismo, "cemento" de lo woke

Lo woke incluye muchos movimientos, como se ha dicho, en una amalgama en la que están ecologistas, feministas, LGTBIQ+, antirracistas, animalistas, indigenistas, reivindicadores de reparaciones históricas... cada uno de ellos con objetivos específicos que, en principio, son bastante o muy distintos de los que animan a los demás. Sin embargo, entre ellos colaboran de manera continua y, sistemáticamente, todos se suman a las reivindicaciones y acciones de los demás. Tal integración casi automática de apoyos incondicionales no suele darse en otros marcos ideológicos, por lo que es interesante intentar descifrar claves que la expliquen.

La primera causa que les une en la acción, creemos, es el victimismo que todos comparten. Para el victimista siempre hay agravios pendientes de resarcir, siempre se le debe, siempre la culpa es de los otros sea cual sea la situación y suceda lo que suceda. El victimismo resulta muy cómodo, por servir como una extraordinaria justificación para todo a nivel individual o colectivo. El victimismo es un exagerar los reales o supuestos agravios que, al darles cuerpo doctrinal, se ha convertido casi en una identidad política.

En lugar de intentar resolver por sí mismo un problema, o ascender en la escala social, o alcanzar más poder del tipo que sea (hoy suelen denominarlo empoderamiento) a través del esfuerzo personal o colectivo, de la superación, del mérito, el victimista pretende obtenerlo a través de reclamar el estatus de víctima.

Es ampliamente compartida la percepción de que hay victimismo tras muchas reivindicaciones de todo tipo, y en la vida personal, social o política se constata que ir de víctima genera a menudo ventajas sociales, morales o incluso políticas. En sentido contrario, quienes defienden lo woke niegan que adopten una actitud victimista, y afirman que se trata de visibilizar injusticias históricas reales que durante siglos fueron silenciadas. En suma, lo que unos ven como exageración, otros lo entienden como una exigencia de reparación y justicia.

En cualquier caso, los movimientos woke convierten tal victimismo en un capital dialéctico porque parten del principio, explicitado o no, de que quien más ha sufrido tiene más autoridad para hablar. No importa tanto la solidez y los argumentos aportados como de quién lo dice y desde qué lugar de sufrimiento. Eso reconfigura el debate público porque da la vuelta a un concepto básico, el de la verdad. Desde dicha perspectiva, lo fundamental no es la realidad o falsedad de lo dicho, sino quién lo dice. Esto conduce a un elemento clave de lo woke: la cancelación del disenso. Debe silenciarse a aquel que cuestione la narrativa victimista del woke, sin importar que tenga razón o no. Al discrepante se le acusará de todo, incluido de revictimizar o agredir a los supuestos oprimidos.

Marco ideológico compartido y efecto dominó

Aparte del recurso común al victimismo, tales movimientos colaboran entre sí porque comparten un marco ideológico mucho más unitario de lo que en principio parece. Encuadra una visión común de la justicia social que implica adoptar una actitud crítica u hostil hacia las que identifican como estructuras tradicionales de poder: patriarcado, capitalismo, colonialismo, heteronormatividad... Aunque cada uno de los movimientos que participan de lo woke tengan distintos enfoques e incluso diferencias en el seno de muchos de ellos, todos coinciden en que hay sistemas de poder que, a su juicio, son injustos y deben ser desmontados. Ello da lugar a una especie de frente común contra lo que perciben como sistemas de opresión interconectados. Una convergencia de intereses.

Esto enlaza con el concepto de "Interseccionalidad", un término popularizado en 1989 por la abogada y académica estadounidense Kimberlé Crenshaw, especializada en teorías de raza y género. Plantea que las distintas formas de opresión (racismo, sexismo, homofobia, clasismo, etc.) no actúan de manera aislada, sino que se entrelazan. Así, luchar contra una injusticia sin tener en cuenta otras injusticias, abusos, atropellos, puede resultar incompleto o incluso perpetuar desigualdades. Esto genera una solidaridad estructural entre tales causas, aunque se dirijan a objetivos distintos. Así, por ejemplo, un movimiento feminista inter-seccional no se limita a la situación de las mujeres blancas de clase media, sino que también incluye la experiencia de mujeres negras, lesbianas, trans, pobres, etc.

Otro aspecto que impulsa a actuar en bloque a estos movimientos es el temor al efecto dominó. Muchos activistas creen que si una causa es derrotada o silenciada, puede generar un efecto dominó para otras. Esto genera un sentido de defensa colectiva. Por ejemplo, si se deslegitima el discurso de derechos LGTBI+, piensan que puede abrir la puerta a que también se ataque el feminismo, o el antirracismo, o el ecologismo.

No faltan otros elementos que contribuyen a la acción conjunta de estos movimientos, si bien son más de orden práctico que ideológico. Uno es la intrínseca cultura activista de sus miembros, que suelen estar siempre predispuestos o abocados a la reivindicación y la protesta. Forma parte de su ADN. Además, el hecho de que activistas de distintas causas suelan coincidir en espacios comunes (redes sociales, universidades, ONGs, manifestaciones), facilita la formación de alianzas. En este entorno, apoyar causas de otros movimientos también se ve como una forma de ganar legitimidad mutua y visibilidad.

De otro lado, la potenciación de su capacidad movilizadora se ha visto multiplicada a través de las redes sociales. En la era digital, los movimientos sociales están interconectados y en un tiempo ínfimo pueden difundirse por las redes mensajes que lleguen a muchísimos miles de personas, o convocar una protesta presencial en el centro de una gran ciudad para solo una hora más tarde, lo cual era impensable pocos años atrás.

Manipulación del lenguaje

El lenguaje es, o puede ser, una herramienta ideológica. No es solo un medio para entenderse, sino también una manera de representar y disputar el poder. Por ello el lenguaje puede ser manipulado haciendo de él un uso intencionado para influir en la percepción de la realidad, modificar significados, imponer marcos ideológicos o cambiar normas sociales a través del habla y la escritura. Imponer su lenguaje es una pieza fundamental en la acción woke. Con el uso interesado de aquel pretenden reflejar una conciencia activa sobre lo que consideran injusticias sociales, particularmente en temas de raza, orientación sexual, identidad de género y otras supuestas formas de desigualdad.

Aunque la manipulación del lenguaje se da también en otros ámbitos, incluidos los que pueden calificarse de derechistas, y pondremos de ello algunos ejemplos, se da en mucho mayor grado en sectores de izquierda, y en concreto entre los que pueden ser asimilados al movimiento *woke*. Estos consideran que las palabras refuerzan estructuras de poder y opresión y por ello pretenden dar la vuelta al lenguaje.

Los intentos de utilizar el lenguaje en función de las propias ideas se han dado siempre y en toda lucha cultural. Basta repasar, por su evidencia, la propaganda de los contendientes en los más diversos conflictos bélicos desde la antigüedad, pero la dimensión de este fenómeno sociolingüístico se ha disparado en época reciente por haber sido incorporado e integrado al uso ordinario del lenguaje, de un lado, acompañado del despegue exponencial de la capacidad tecnológica para difundirlo.

He aquí unos cuantos elementos y términos utilizados por los *woke*.

Califican su lenguaje de "inclusivo", con el femenino como genérico (*nosotras*), o formas como *todxs, todes, elles, niñes* o *l@s* para evitar el masculino genérico. Pretenden visibilizar identidades no binarias y cuestionar la gramática tradicional que, según ellos y otros sectores de izquierda, reproduce el patriarcado.

Con los pronombres elegidos y con los que se identifican, dicen, se respeta la identidad de género: *él, ella* o *elle*.

Otro término de referencia es "igualitario", que en principio pudiera significar no discriminación, pero resulta una trampa. A partir de tal supuesta igualdad, transforman el concepto genuino de algunas instituciones, en las que en calzador se intenta incorporar al mismo nivel otros conceptos o prácticas. Por ejemplo, el supuesto matrimonio "igualitario", para reconocer y equiparar el enlace de dos homosexuales con los de un hombre y una mujer. Con la particularidad adicional de atacar la libertad de expresión y de conciencia de la persona que lo considera inadecuado. Quieren imponer el pensamiento único. Así, en Estados Unidos se han presentado incluso querellas ante tribunales con acusaciones contra personas que se han negado a colaborar en un "casamiento" gay. Pasteleros que se negaron a hacer una tarta de bodas o fotógrafos que no aceptaban hacer el reportaje de la "boda".

También usan un lenguaje que consideran "no sexista", evitando formas gramaticales que impliquen un supuesto sesgo de género. Ejemplos: en lugar de "los ciudadanos", se prefiere hablar de "la ciudadanía" o de "las personas". O no decir "mujer", sino "persona menstruante".

Otro aspecto del lenguaje woke es el de evitar términos que consideran ofensivos o estigmatizantes, es decir, que entienden que históricamente han sido usados para discriminar o marginalizar. Por ejemplo, no aceptar por ofensivas las palabras "negro", o "de raza negra". Muchos woke ni siquiera aceptan que se hable de personas "de color" o de "minorías". Para evitarlo hacen piruetas lingüísticas como "personas racializadas" o, en el caso de Estados Unidos, persona de "matriz afrodescendiente". Asimismo, preferir decir "persona con discapacidad" en vez de "discapacitado" o "minusválido", o evitar términos como "raza", "normal", "minoría", "anormal", reemplazándolas por vocablos como "racializado", "neurodivergente", "cisgénero", "transfobia", etc., y se cuestionan expresiones del lenguaje habitual con carga racista, clasista, sexista o relacionada con la capacidad, como "trabajo de chinos", "maricón", "indio", "gente normal" (como opuesto a personas con discapacidad), etc.

Por otro lado, el lenguaje woke busca nombrar y dar espacio a identidades que entienden han sido ignoradas o negadas en los discursos tradicionales, como las personas no binarias, indígenas, afrodescendientes, migrantes, etc.

Es, por tanto, un lenguaje que no busca describir la realidad, sino transformarla, con lo que pueda haber de positivo y de negativo en ello. Es una forma de posicionamiento político. Por ejemplo, los gritos de "Ni una menos" coreados en manifestaciones pretenden visibilizar una lucha feminista contra la violencia de género. O, en Estados Unidos, decir "Black Lives Matter" no es una descripción, sino un acto de protesta.

En suma, para lo woke, la referencia a las personas no debe estar en función de lo que son en sí mismas, sino en su supuesta historia o experiencia de opresión.

Adulteración en la política y los medios

El lenguaje woke está muy presente en medios de comunicación, redes sociales y discursos políticos, espacios clave donde se modela y disputa el uso del lenguaje. A pesar de chocar con la normativa académica, en bastantes medios son habituales el uso del *todes* o las referencias a *personas trans*, y, en menor proporción, se hace mención a *cuerpos racializados*, se rechaza lo considerado colonialista... Son intentos de imponer un lenguaje supuestamente inclusivo y visibilizador de las situaciones que denuncian.

En paralelo, por ejemplo, en los medios de comunicación jamás se debe hacer referencia a la nacionalidad o raza de una persona que haya delinquido, especialmente si es originaria del Tercer Mundo.

Como ejemplos de activismo lingüístico woke, en las redes sociales son de uso frecuente memes, hilos y vídeos explicativos que pretenden educar sobre términos como *cisgénero, interseccionalidad, colonialidad,* etc., y surgen modismos nuevos o resignificaciones, como *ser normie, masculinidad frágil,* o *deconstruido.*

En el epicentro del activismo woke y el lenguaje asociado están hashtags como #NiUnaMenos, #BlackLivesMatter, #OrgulloTrans, etc.

La retórica woke se integra también en la política: hablan de "diversidad", "identidades disidentes", "pueblos originarios", "violencias estructurales", etc., a la vez que se redefinen términos clásicos cambiándoles el sentido. Muy frecuentemente una de las palabras cuyo concepto es modificado es "democracia", aplicando tal término exclusivamente a modelos socialistas o anticapitalistas, aunque se trate de regímenes autoritarios. Pretenden legitimarlos por medio de una etiqueta que goza de aceptación general, y lo hacen, además, frente a otras fórmulas que, para el común de los mortales, son mucho más genuinamente democráticas.

En el movimiento woke, y en general en sectores radicales de izquierda, ocupa un lugar central el desacreditar e incluso deshumanizar al adversario político sin necesidad de realizar un debate racional. Una constatación diaria es la de llamar "fascista" a cualquier opositor, aunque éste no tenga relación alguna con el fascismo histórico ni se sepa exactamente que se quiere decir con ello. Es más un insulto que una descripción.

También en política es muy propio utilizar eufemismos con alto contenido ideológico. Así, si quienes gobiernan en el país son los suyos o próximos a ellos hablan de "redistribución solidaria" en lugar de "aumento de impuestos", o "apropiación" en lugar de "expropiación" para suavizar el impacto de ciertas políticas económicas o sociales.

En suma. la manipulación del lenguaje desde la izquierda busca transformar la realidad social mediante la transformación simbólica. Esto puede tener efectos positivos, como la inclusión, pero también puede derivar en imposiciones, censura o distorsión del debate si no se somete a crítica y discusión.

Las discrepancias en el lenguaje se dan hasta en campos que parecen más neutrales, como los de la economía. Así en algunas ideologías se valoran como motores del progreso el mérito individual o la competencia, mientras desde algunos sectores woke se ven como formas de invisibilizar privilegios sistémicos.

El desacuerdo terminológico se refleja en debates públicos sobre asuntos de calado, incluidos jurídicos: ¿el lenguaje puede ser violencia?, ¿la identidad autopercibida debe tener valor legal?, ¿es ofensivo o necesario revisar la historia y derribar estatuas?, ¿La libertad de expresión debe carecer de restricciones o en algunos casos puede ser motivo de perpetuar o reforzar desigualdades?

Resistencias al lenguaje woke

Desde sectores contrarios a lo woke crece la tendencia a resistir a su lenguaje, empezando por ridiculizarlo utilizando comillas para marcar distancia con los términos "elle", "personas menstruantes", "niñes", etc., y rechazándolo abiertamente como símbolo de imposición ideológica, superficialidad y postureo.

Aparte de argumentar que el uso por parte de los woke de neologismos o formas no normativas genera tensiones con la gramática tradicional, que tiene normas lingüísticas aceptadas, en los ámbitos hostiles a lo woke se considera que tal tipo de lenguaje es eufemístico, distorsiona los conceptos básicos del debate público, limita la libertad de expresión por su corrección política, impone una visión ideológica y una moral específica muy *sui géneris*, y es artificial, poco práctico, banaliza términos históricos importantes, fomenta la autocensura por miedo a ofender y polariza el discurso.

Los sectores anti-woke vinculan también el lenguaje inclusivo con la pérdida de valores tradicionales o censura y acusan a sus promotores de engañar al ciudadano común disfrazando medidas impopulares. Estos argumentos se han utilizado en las batallas políticas, sobre todo en Estados Unidos.

También las derechas manipulan

Los sectores de derecha o incluso de extrema derecha han hecho, tradicionalmente, menor uso de la manipulación del lenguaje que la izquierda en general, y que los woke en particular, pero tampoco falta entre ellos[1]. Su manipulación puede tener como objetivos normalizar ideas radicales, desacreditar al adversario, generar miedo o apelar a emociones fuertes. A la vez, el lenguaje

---

[1].- Nos estamos refiriendo al mundo actual. Consideramos que todos los sectores recurren a la manipulación del lenguaje, pero las izquierdas lo hacen más. No significa que siempre fuera así. Caso muy extremo fue el de la Alemania nazi. Fue un paradigma de la manipulación, dirigida por el ministro de Propaganda, Joseph Goebbels.

de la derecha ha sido históricamente, y aún hoy suele serlo, más directo, más descarnado. Esto, ciertamente, puede cambiar. En las redes sociales se percibe una intensa presencia de quienes tienen esta tendencia y se comprueba sobre todo en promover protestas o altercados contra la inmigración.

La manipulación de las derechas adopta diversas formas, como las siguientes:

Para suavizar discursos o determinadas políticas utilizar eufemismos como "Reagrupación de inmigrantes" (en lugar de deportación masiva o expulsión), "Protección de la identidad nacional" (para enmascarar xenofobia o racismo), o "Democracia iliberal" (usado por líderes como Viktor Orbán para atemperar políticas autoritarias que restringen algunas libertades civiles).

También recurrir al miedo y la exageración. Como la expresión "invasión migrante" o "avalancha de inmigrantes", para describir la llegada de personas en busca de asilo, aunque los números no lo justifiquen; o "agenda globalista" como teoría conspirativa para señalar a élites internacionales (como la ONU, el magnate Soros, o la OMS) como responsables de problemas nacionales.

Estas derechas tienden también al etiquetado y estigmatización del adversario. El término "progre" es usado de forma peyorativa para deslegitimar a la izquierda, asociándola a ingenuidad, hipocresía o decadencia moral. O referencias a "feminismo de verdad" o "feminismo occidental" frente al "feminismo radical", para dividir y cooptar discursos feministas desde perspectivas conservadoras. O "Defensa de la libertad" para oponerse a políticas de inclusión, cuotas, lenguaje inclusivo o regulación del discurso de odio.

En la época de la pandemia del covid (2020) desde sectores de derechas se habló de "Dictadura sanitaria" para describir políticas de salud pública como la vacunación obligatoria, las cuarentenas o el uso obligatorio de mascarillas. El objetivo era fomentar la desobediencia.

Culturas de opresión... que quizás no lo son

Los woke luchan contra lo que identifican como culturas o sistemas de opresión. Pero ello no significa necesariamente que lo sean, porque no suelen distinguir ni introducir matizaciones entre opresión objetiva y percepción de opresión.

De la misma forma que estamos en una batalla por el lenguaje, también hay otra por el significado: ¿quién define qué es opresivo y qué no? El movimiento woke suele partir de la experiencia subjetiva de los grupos históricamente marginados: si alguien dice sentirse discriminado, eso ya merece atención y reparación. Esta conclusión no se acepta de entrada desde otras muchas posiciones, sean las de quienes parten de principios religiosos u otras más escépticas o liberales clásicas, porque se tiene asumido que no siempre la percepción que alguien tiene se corresponde con la realidad ni toda experiencia subjetiva equivale a una injusticia sistémica.

Lo que aquellos movimientos llaman "sistemas de opresión" pueden ser simplemente hechos propios de la naturaleza, de la biología o de estructuras sociales heredadas que no necesariamente fueron diseñadas para oprimir, sino que surgieron de la evolución cultural, histórica o económica de las sociedades.

Casos especialmente claros se tienen en la familia. Para diversos sectores woke la familia representa estructuras patriarcales o heteronormativas a eliminar, cuando, por el contrario, para la mayoría de las personas es pilar fundamental de estabilidad de la sociedad y de valores básicos para la atención y el desarrollo de las personas. En paralelo podría decirse lo mismo de la religión.

Los woke se suelen caracterizar por ver el mundo en blanco y negro, por lo que pocos de entre ellos son capaces de matizar. Así, por ejemplo, las críticas al patriarcado suelen enfocarse como la lucha contra estructuras sociales históricas que han favorecido a los hombres en los ámbitos de poder político, económico o social, y que han limitado a las mujeres o a quienes no encajan en roles tradicionales. En principio sería una forma de buscar mayor igualdad cuestionando ciertas jerarquías y desigualdades, pero en la práctica se convierte, para la mayoría de woke, en ataque a los varones por el simple hecho de serlo, o a la familia en sí misma.

Más aún. Hay quienes dudan de que en Occidente el patriarcado siga existiendo tal como lo plantean. Muchas leyes y políticas garantizan igualdad formal entre hombres y mujeres: derechos civiles, laborales, educativos, políticos… En ese sentido, el patriarcado como sistema legal fuerte ha perdido muchísimo poder, pero algunas personas argumentan que todavía hay "residuos" o formas más sutiles de patriarcado, tales como diferencias en salarios por igual trabajo, en acceso a altos cargos, en expectativas sociales, en quién debe cuidar a los hijos o liderar en una pareja, o incluso en cómo se juzga a hombres y mujeres en los medios o en la justicia. No es un patriarcado tan evidente, pero quizá sí cultural o simbólico.

Otros piensan que muchas de esas desigualdades

ya nada tienen que ver con un sistema patriarcal, sino con elecciones personales, diferencias biológicas o incluso con nuevas dinámicas sociales que afectan no solo a las mujeres sino también a los hombres.

Lo woke analizado por algunos expertos

El wokismo implica una gran limitación de libertades, en opinión de muchos expertos. Se ve en textos, análisis o manifestaciones de diversos pensadores sobre el fenómeno woke y su presencia social que se aportan a continuación. Las personas de las cuales se exponen sus pensamientos son defensoras de la libertad y, en su mayoría, de principios católicos, aunque diversos de entre ellos no expresen su opinión sobre lo estrictamente religioso.

Josep Miró, ingeniero agrónomo, presidente del Corrent Social Cristià, escritor, ex miembro del Consejo Pontificio para los Laicos:

"Después de haber conseguido un auge apabullante, la ideología *woke* no vive precisamente sus mejores horas. Me refiero no solamente a ese despertar que propone frente a todo tipo de injusticias, sino a sus excesos de la teoría de la cancelación, es decir, la silenciación de sus oponentes y otros desmanes que se producen en la política de género, la reescritura de la historia, la presunción de culpabilidad y demás.

"Lo *woke* impuso lo políticamente correcto, la adulteración del lenguaje y el monopolio de las ideas progres. Y encontró un terreno más que abonado entre nosotros. Pero (lo más grave) han sido sus desmanes en apabullar a todo lo que no comulgue con esa ideología.

"Los medios de comunicación, especialmente en el ámbito occidental, han otorgado una visibilidad desproporcionada a las personas homosexuales y transgénero, siguiendo una estrategia que podría describirse como *saturación narrativa*. Las series de televisión, por ejemplo, incluyen personajes homosexuales y, cada vez más, transexuales, en una proporción que está muy alejada de su representación real en la sociedad.

"Esta estrategia forma parte de un proceso de '*normalización inducida*', donde el concepto de 'normal' se entiende en términos estadísticos. Así, se presentan estas identidades como si estuvieran más cerca de la media, es decir, de los valores más frecuentes cuando están muy alejados de ellos, generando una percepción distorsionada en el imaginario colectivo.

"Esta visibilidad no necesariamente refleja su peso estadístico, sino que obedece a tendencias ideológicas y políticas dominantes en el discurso público.

"Desde la alianza objetiva entre el liberalismo cosmopolita y la progresía de género, la transexualidad y otras identidades de género no binarias han sido promovidas como una causa central dentro de la agenda de los derechos humanos, desplazando otras problemáticas igualmente graves y mucho más extendidas, como la pobreza y la desigualdad socioeconómica. Sin embargo, esta sustitución no es casual: constituye la piedra angular de dicha alianza.

"El objetivo es desviar el foco del debate sobre la desigualdad estructural y la discriminación en el ámbito socioeconómico hacia cuestiones de género, en sus variantes feminista e identitarias (LGTBIQ+). El resultado es un debate sobre la transexualidad que ha adquirido una relevancia desproporcionada respecto a su representación cuantitativa en la sociedad, mientras un discurso ideológico impregna la percepción pública del fenómeno.

"Esta atención desmesurada no surge de forma espontánea, sino que es inducida mediante narrativas emocionales. Las historias personales de sufrimiento, exclusión y lucha resultan extremadamente efectivas para movilizar la opinión pública, generando una identificación emocional que diluye el análisis racional. Pero esta estrategia no solo responde a una dimensión emocional; también es una maniobra política calculada. Al centrar el debate público en temas que polarizan y apelan a lo emocional, se consigue desviar la atención de problemas más complejos y estructurales, como la economía, la desigualdad social o la corrupción.

"La ideología hegemónica trata la homosexualidad y la transexualidad como verdades absolutas y moralmente incuestionables. Este dogma, por su propia naturaleza, termina traduciéndose en medidas de ingeniería social, a menudo de carácter represivo, que se implantan desde la enseñanza primaria. Se adoctrina a los niños no solo en el respeto legítimo hacia las diferencias, sino en la aceptación acrítica de postulados ideológicos presentados como hechos objetivos e indiscutibles.

"Nos encontramos, por tanto, ante una grave anomalía democrática que afecta directamente al Estado de derecho. Esta situación se produce cuando casos excepcionales -la homosexualidad, la transexualidad, o episodios de agresión y malos tratos, elevados a la categoría de estructura sistémica bajo el término 'patriarcado'- son utilizados para modificar instituciones fundamentales en todos los ámbitos sociales, políticos y culturales.

"El problema principal no radica en la existencia de personas homosexuales o trans, ni en la legítima defensa de los derechos de las mujeres. El verdadero conflicto surge cuando su situación se instrumentaliza ideológica y mediáticamente, convirtiéndola en un sistema opresivo que altera radicalmente el tejido social. Esta manipulación termina socavando los fundamentos que han permitido a las sociedades occidentales alcanzar niveles extraordinarios de libertad, dignidad, prosperidad y bienestar. Por supuesto, estos conceptos siempre son relativos y desiguales, pero su valor no debe subestimarse.

"No es legítimo legislar para una minoría estadísticamente marginal si esto implica alterar de manera significativa instituciones diseñadas para el conjunto de la sociedad".

Miró se refiere también a la vertiente de lo woke que afecta a la religión:

"Esta cancelación religiosa y el ateísmo militante que la acompaña no han conducido a una sociedad más libre ni más neutral, sino que han dado lugar a la emergencia de una nueva forma de sacralidad secular. Cuando una ideología secular toma el control de una cultura y alcanza la hegemonía, se sacraliza a sí misma, funcionando como un sistema de dogmas inamovibles. Esto no solo no elimina el antagonismo social, sino que lo intensifica, pues los dogmas de estas nuevas religiones -el feminismo de género, la ideología trans y LGTBIQ+ y el punitivismo woke- son absolutistas, dogmáticos, excluyentes y carecen de cualquier espacio para la escucha, el perdón o la reconciliación.

"La religión no es simplemente una creencia personal; es también una fuente de valores morales, las virtudes necesarias para alcanzarlos, cohesión social y sentido existencial. Al excluirla del espacio público, no se logra una sociedad más justa ni más neutral, sino una sociedad más fragmentada, contradictoria y, en última instancia, más frágil".

Agustín Laje, escritor argentino, politólogo, conferenciante, presidente de la Fundación Libre:

"El wokismo ha ido muy allá en la dialéctica marxista: la exacerbación dialéctica del opresor y el oprimido, y aplicarlo a todo:
Hombre opresor, mujer oprimida
Blanco opresor, negro oprimido
Homosexual oprimido, heterosexual opresor
Transexual oprimido, binario opresor
...
Con estos principios todos los vínculos quedan destruidos: La familia, las relaciones humanas normales, la Iglesia..."

"Han reventado para ello el lenguaje, imponiendo el relato sobre el dato. Toda la ideología de género es imponer el relato".

Francisco José Contreras, catedrático de Filosofía del Derecho en la Universidad de Sevilla, ex diputado, autor de numerosos libros:

Uno de los libros de Francisco José Contreras se

titula *Contra el llamado totalitarismo blando* (Libros Libres) (2022) y justifica su edición porque tal totalitarismo "es un cáncer que puede destruir las sociedades occidentales". El subtítulo del libro aclara su contenido: *Cancelación woke, feminismo radical, imposición trans, histeria climática, corrección política.*

Contreras ha denunciado haber sido cancelado en diversas ocasiones, como muestra de la presión de los woke: "Twitter me bloqueó la cuenta por tuitear: 'Un hombre no puede estar embarazado'".

En declaraciones a *El Debate*, Contreras explica que no fue él quien acuñó el término "totalitarismo blando" sino que son varios los que han hablado de "soft totalitarianism" (por ejemplo, Rod Dreher en *Vivir sin mentiras* [2021]), y que también se adelantó lúcidamente Benedicto XVI -entonces cardenal Ratzinger- en uno de sus libros-entrevista con Peter Seewald, *La sal de la tierra* (1997). Manifiesta que "está creciendo el peligro de una dictadura de la opinión, y los que no suscriben la visión común son marginados. [...] Cualquier futura dictadura anticristiana sería probablemente más sutil que las dictaduras que hemos conocido en el pasado. Admitiría aparentemente la religión, pero sin que la religión pudiera intervenir ni en la forma de conducta ni en el modo de pensar".

Contreras explica que "hay peligro de totalitarismo porque se va configurando una ideología oficial que es impuesta a la sociedad por numerosos canales: escuela, Universidad, medios de comunicación, plataformas de las Big Tech, publicidad y política de personal de las grandes empresas ['capitalismo woke'], cine, leyes ideológicas... Esa imposición no usa los medios brutales del totalitarismo del siglo XX: no se tortura al disidente, ni se le manda a Siberia. Pero sí se le 'cancela', se le invisibiliza, se le ridiculiza, se intenta destruir su reputación por medio de las consabidas etiquetas infamantes ('machista', 'racista', 'homófobo'...). O se le expulsa de su empleo o cargo público" (en su libro alude a algunos casos).

La ideología oficial en cuestión, sigue explicando Contreras, incluye dos ingredientes principales: el "wokismo" (mezcla de feminismo, "antirracismo", liberacionismo LGTB, antioccidentalismo, etc.) y el ecologismo radical, que últimamente ha asumido la forma del catastrofismo climático.

"Al ser tan sutil es hasta cierto punto normal que muchas personas ni siquiera lo perciben como totalitarismo.

"El bombardeo ideológico es tan ubicuo, que mucha gente llega a confundir las tesis woke y clima-catastrofistas simplemente con el sentido común. El adoctrinamiento en cuestión incluye también la idea de que sólo se puede discrepar de esas ideas 'evidentes' si se es mala persona (machista, racista, etc.) o incluso se está enfermo (las 'fobias' eran inicialmente enfermedades mentales, y el totalitarismo blando llama, por ejemplo, 'homófobos' a quienes pongan la menor pega a la agenda del lobby LGTBI+, y 'xenófobos' a quienes piensen que la inmigración masiva no solucionará los problemas de Occidente, sino que los agravará".

Acerca de si lo woke es más eficaz en conseguir sus objetivos que los totalitarismos tradicionales, porque estos provocan una fuerte resistencia, Contreras respondió:

"de momento está siendo más eficaz, sí. La violencia brutal del totalitarismo clásico engendraba una mística heroica de la resistencia. El totalitarismo blando es más insidioso porque nos ata con la cadena de nuestros propios deseos y flaquezas. Su mensaje es seductor: ampliación constante de los "derechos", supresión de toda desigualdad u opresión... Sobre todo, el wokismo desresponsabiliza al sujeto: si te ha ido mal, no es por tu culpa, sino la de esta sociedad machista, racista, homófoba, etc. Eres una víctima y tienes derecho a que la sociedad te compense por tus 'sufrimientos'".

En referencia a una posible organización conjunta de los woke, Contreras responde:

"No creo que haya una coordinación central, sino una convergencia espontánea de diversos sectores: la izquierda necesitada de encontrar recambios para el socialismo fracasado, las grandes empresas deseosas de hacerse perdonar sus (legítimos) beneficios, los jóvenes necesitados de encontrar sentido existencial y una causa por la que luchar (el wokismo está secuestrando y encauzando en una dirección equivocada el noble idealismo juvenil; les dice a los chicos que deben luchar por los débiles y oprimidos, y que estos son las mujeres, las razas distintas de la blanca, los homosexuales…)".

Desde su visión, Francisco Contreras ha dirigido en diversas ocasiones llamamientos a la lucha cultural, y considera que "la regeneración de Occidente es la tarea histórica que debe asumir la nueva derecha".

Jano García, escritor y economista, director del programa "En Libertad" de la plataforma ViOne Media:

"Lo woke es la ideología que hunde a Occidente. En un principio significaba despertar ante algunas injusticias como el racismo, pero al final es toda una amalgama que va desde el cambio climático al aborto, el feminismo…

"Lo woke reúne el caldo de cultivo sociológico de un adanismo, un volver a empezar. Pretende ser liberador, partiendo de ver en todo conspiraciones, e intentar destruirlas. Para sus promotores, las víctimas son los supuestos damnificados de la civilización occidental.

"La historia es pendular. Irse de un extremo al otro. Antes, por ejemplo, no se tenía en cuenta a la mujer, o a los negros… ahora en todo son priorizados y se acusa de culpabilidad a los hombres, a Occidente… en todo. Por supuesto, (lo woke) suma la aberración de la ideología de género.

"Lo woke es también una sublevación contra los límites, contra todo lo que construye el hombre. Y, con la ideología de género, asume la antropología de negación de la realidad. Niega la realidad del ser humano, quiebra hasta el sentido de la carne, así como la familia.

"Paradójicamente, es la ideología del establishment, incluida la del dinero. Al capitalismo le interesa el hombre más desvinculado, con menos arraigo, con necesidades individuales elevadas hasta el extremo".

Jano García considera que el grupo que en la política española representa de manera más genuina lo woke es Podemos, pero que, de facto, todos menos Vox han asumido mucho de ello.

De otro lado, cree (en 2025) que "el wokismo va a la baja por haberse encontrado con la realidad y está perdiendo fuerza en sus aspectos más delirantes" y que sus propios extremos llevan tanto a que mucha gente lo va rechazando a medida de que se van dando cuenta de lo que no va (por ejemplo, todas las aberraciones de la ideología de género, los trans…), a la vez que naufraga en aspectos como el multiculturalismo cuando la gente se encuentra con problemas reales, como el sufrir los robos, inseguridad, incremento de las violaciones, los problemas de integración escolar, los trans con los que una mujer puede encontrarse en el vestuario del gimnasio, las dificultades de convivencia que hacen que naturales del país vayan abandonando barrios…".

Raúl Mayoral, abogado, empresario, escritor:

Mayoral afirma que "el wokismo es una religión al revés" y "el caballo de Troya de la corrección política que se ha metido en medio de la sociedad", y propone el rearme moral y la activa defensa de la libertad para hacerle frente.

En sus artículos y libros como *Pregón de combate* (2024), este escritor propone comprometerse y participar en la batalla cultural en el espacio público, sin esconderse.

Óscar Rivas, director de Comunicación de la Fundación Educatio Servanda y ex director de Forum Libertas:

En su libro *Venenosos: Cómo combatir el lenguaje venenoso de las izquierdas* (2024), Óscar Rivas afirma que éstas han colonizado y cambiado el lenguaje, y si a alguien se le ocurre decir algo crítico en relación a ello inmediatamente se le califica como de extrema derecha, ultra, homófobo, xenófobo o tránsfobo. Esto último, por ejemplo, el simple hecho de que no ve bien el cambio de sexo.

Propone no callar ante el wokismo, defender la verdad y la libertad. "Hoy el silencio es claudicación y la ambigüedad es traición", afirma.

Iker Jiménez, periodista, director y presentador de Cuarto Milenio, Podcast "La estirpe de los libres":

"El wokismo es "un delirio bien planificado por corrientes de pensamiento que tienen sus intereses de poder, división y economía", pero "va a ser noqueado en breve".

"Ninguna ideología debe colonizar las aulas de ningún centro, pero mucho menos aquellas que tienden a promover una agenda política más que la transmisión de conocimientos contrastados y la búsqueda de la verdad desde diferentes perspectivas en lugar de imponer dogmas. Abominen de un colegio wokista".

Enrique Rojas, psiquiatra, catedrático de Psiquiatría y Psicología, autor de numerosos libros de éxito:

Enrique Rojas califica de "ideología muy peligrosa" el wokismo. Según su criterio:

"tiene tres principios fundamentales: el marxismo, el psicoanálisis de Freud y las ideas de Nietzsche de que Dios ha muerto. Luego en la historia de la revolución sexual hubo tres momentos: Mayo del 68 en París, el Congreso de Copenhague en 1978 y el Congreso de la Mujer de Pekín en 1995. En este último se cambia el concepto de sexo por género, y el sexo, que es la ley natural, se niega".

"¿Cuál es el resultado de todo esto? Que la sexualidad se ha convertido en una pieza de cambio donde primero se niega la naturaleza, se piensa que uno puede dominarla, que puede cambiar el sexo conforme a un cierto emotivismo. Y luego aparece en los últimos años el concepto de disforia de género, la sensación de haber nacido en un cuerpo equivocado. Esto provoca la transexualidad. ¿Qué es lo peor de la ideología de género y lo *woke*? La destrucción de la persona y la familia. Y el resultado está a la vuelta de la esquina".

Ignacio Balcarce, escritor, profesor universitario y experto en Derecho Penal

La ideología woke "no es un retorno al bolchevismo sino un liberalismo llevado a sus últimas consecuencias".

Balcarce considera que la diferencia y supuesto antagonismo entre los liberales de derecha y de izquierda es superficial, y que en muchas de las derechas no hay un rechazo de fondo a lo woke. Prueba de ello es que los liberales nada cambian si llegan al poder.

Grégor Puppinck, jurista, director del Centro Europeo para la Ley y la Justicia, defensor de la familia y de la vida

Puppinck afirma que la lucha por los "nuevos derechos", como proponen los woke, implica una "redefinición" del ser humano.

Centrándose de manera especial en lo que afecta a la familia, declaraba a Julio Borges Junyent:

"Creo que los países occidentales han ido demasiado lejos. El Tribunal Europeo de Derechos Humanos y el discurso woke han llevado las cosas demasiado lejos, y al hacerlo, han deconstruido los propios derechos humanos. Por ejemplo, hoy en día, el Tribunal de Estrasburgo ha deconstruido por completo el concepto de la familia.

"Los derechos humanos fueron establecidos después de la Segunda Guerra Mundial, entre otras cosas, para defender a la familia contra el Estado. Pero ahora, no hay una definición clara de lo que constituye una familia. Inicialmente, el Tribunal de Estrasburgo definió a la familia como una pareja casada con hijos. Luego permitió la separación de la familia con respecto al matrimonio, por lo que una familia podría ser una pareja con hijos sin estar casados. Más tarde, amplió aún más la definición para incluir a parejas que deseaban tener hijos, incluso si no los tenían. Eventualmente, dijo que la pareja ni siquiera tenía que desear tener hijos. Después, afirmó que la pareja ni siquiera tenía que ser un hombre y una mujer, sino un hombre y una mujer transgénero. Luego, dijo que el matrimonio ya no era necesario, solo que debían vivir juntos. Y finalmente, el Tribunal dijo que ni siquiera tenían que vivir juntos, ni ser un hombre y una mujer, para ser considerados una familia. Podían ser del mismo sexo, no tener hijos, o incluso no ser capaces de tenerlos.

"Entonces, ¿qué es exactamente una familia ahora? El papel del Tribunal originalmente era proteger a la familia del Estado, pero a través de este enfoque individualista, ha deconstruido completamente lo que se suponía debía proteger. La fuerza del individualismo ha llevado a esta deconstrucción. Hemos ido demasiado lejos.

"Esto no significa que todo el sistema de derechos humanos deba ser abandonado, pero definitivamente hemos llevado los límites demasiado lejos. Ahora, creo que la gente está pasando por alto los derechos humanos. Si bien aún puede haber cierto consenso a nivel internacional, particularmente dentro de la ONU o en otros lugares, el sistema ha perdido gran parte de su fuerza, coherencia y autoridad. Así que creo que estamos al final de un período. No sé qué vendrá después, pero la gente ya no cree en ello tanto como antes".

Gabriel Albiac, filósofo y escritor

Albiac considera que lo woke se ha convertido en última instancia en una secta, a pesar de que se haya extendido hasta transformarse en una especie de lugar común.

"En mi opinión [declara a *El Debate* (21/03/25)], lo que caracteriza a lo woke es un voluntarismo prácticamente delirante, un voluntarismo en el límite del delirio. Un voluntarismo que parte de la idea de que la subjetividad puede ser construida a la medida en función de lo que el sujeto puede hacer con ella.

"Cualquiera que conozca un poco la filosofía clásica, no digo ya el mundo que parte de Freud, sino, la filosofía clásica, sabe perfectamente que es al revés. Que no es la voluntad la que configura la subjetividad, sino que es el sistema de deseos que han configurado la representación del mundo de un sujeto el que desencadena su voluntad en uno u otro sentido.

"En primer lugar, es una perfecta necedad decir que la identidad de un sujeto puede ser reconfigurada a voluntad. ¿Pero qué demonios nos creemos que somos? ¿Dioses legendarios, dioses míticos?

"No, mire usted, somos curiosos sujetos hablantes que están determinados brutalmente por el conjunto de causas, de realidades, de historias de determinaciones a los que han sido sometidos.

"En segundo lugar, ¿de qué demonios me está usted hablando cuando me dice que podemos elegir género a voluntad?

"Los individuos no tienen género. Los individuos tienen sexo. Género es una palabra que en las lenguas latinas define la caracterización de las palabras. Y, naturalmente, cuando decimos que las palabras tienen género, no estamos diciendo que tengan sexo. A nadie se le ocurriría decir que 'la catedral' tiene sexo femenino. O que 'la casa' tiene sexo femenino. Tienen género femenino. Los humanos tienen sexo.

"Y se olvida un tercer factor determinante, porque es corpóreamente determinante. Los mamíferos, y específicamente, los mamíferos hablantes, que somos nosotros, están genitalizados. Tienen características genitales diferenciadas. Y eso no se puede abandonar nunca. En la perspectiva de Freud, en su momento, dice una sensatez básica: la anatomía es un destino inalterable.

"Cuando usted habla de ese cambio de genitalidad, de lo que está hablando es de una amputación, y de una amputación mayor, no una amputación menor. Una amputación mayor con consecuencias atroces.

"Si lo que usted está diciendo, donde dice que cambia de género, es que usted va a pasar de tener una libido masculina a una libido femenina, que eso es la sexualidad, no otra cosa, usted está loco".

Aayan Hirsi Alí. Líder feminista y conversa del ateísmo al cristianismo

La escritora y expolítica somalí-neerlandesa-estadounidense Ayaan Hirsi Alí, fue una de las activistas ateas más destacadas de las últimas décadas, hasta el punto de ser considerada una de las mujeres más influyentes del mundo en la primera década del siglo XXI. La llamaron "la Voltaire negra" y "la Diva del Nuevo Ateísmo". Feminista, fue también una de las críticas más severas contra la mutilación genital femenina, y combatiente contra el Islam. Es, además, esposa del historiador y comentarista escocés Niall Ferguson, que se declara agnóstico pero que ha alabado la ética cristiana como positiva para la humanidad.

En noviembre de 2023, Ayaan Hirsi Alí anunció que se hacía cristiana porque cree que solo el cristianismo puede hacer frente al Islam, a los totalitarismos y "a la expansión viral de la ideología woke, que está devorando la fibra moral de la nueva generación".

La izquierda y lo woke

Algunos sectores políticos de izquierda han negado la existencia misma del wokismo y afirman que todo es una creación de la extrema derecha.

El término y su uso pueden ser, ciertamente, discutibles. Ahora bien, sobre el hecho en sí mismo, tal afirmación no solo no resiste un análisis a fondo, sino ni siquiera una superficial observación de la realidad. Lo woke está ahí, y en algunos aspectos es el nuevo establishment. Basta comprobar el funcionamiento de muchos gobiernos y las declaraciones de sus miembros, las legislaciones, la actuación en el campo educativo para inculcar ideología de género, la promoción generalizada de lo LGTBI+ y del feminismo… y también la política de cancelación de quienes están al margen de estas corrientes, el intento de recluirlos en las catacumbas.

En lo referente a la política de cancelación no puedo por menos que aportar la experiencia propia y la de otras personas. Por llevar muchos años al frente de organizaciones familiares y estar muy relacionado con entidades de defensa de la vida aseguro haber sufrido tal cancelación en mi propia persona, al igual que les ha ocurrido lo mismo a otros de similar forma de pensar: he visto sistemáticamente silenciada la información sobre actos (conferencias, congresos, encuentros, debates, galas de premios) en los que incluso participaban personalidades muy destacadas y a las que jamás se entrevistaba a pesar de haber notificado su presencia a los medios de comunicación; ver como multitud de noticias, estudios o declaraciones remitidas a la prensa a lo largo de años nunca veían la luz; medios que no acudían a las invitaciones que se les hacían... No son casos aislados, ni resultado de la posición hostil de algún periódico, emisora o cadena televisiva, sino de todos o casi todos. ¡Cuánto silencio hemos vivido quienes disentimos de aquella corriente hegemónica! Sometidos a sistemático silencio... y si hemos logrado decir alguna cosa más allá de las catacumbas se nos somete a descalificación.

Como se ha dicho, algunos sectores de izquierdas incluso desestiman el término "woke" por considerarlo despectivo y pura invención de la ultraderecha, mientras otras corrientes sí lo aceptan como una conciencia y sensibilidad hacia las injusticias sociales, especialmente en temas de raza, género y otras formas de discriminación. En todo caso, la percepción del fenómeno woke es objeto de debate en determinados ámbitos autodefinidos como progresistas, porque mientras algunos lo ven como una evolución necesaria hacia una mayor justicia y conciencia social, otros lo perciben como una desviación que puede fragmentar las luchas sociales tradicionales.

El filósofo francés Jean-François Braunstein, lo critica en su obra *La religión woke* (2022). Argumenta que el "wokismo" actúa como una nueva forma de religión que rechaza la realidad física y sus límites, sugiere que se basa en una crítica al racionalismo, la Ilustración y el humanismo, y que borra las fronteras entre categorías como hombres y mujeres, humanos y animales, vivos y muertos. Asimismo, lo considera una desviación de las luchas sociales tradicionales para centrarse en identidades específicas en lugar de abordar problemas estructurales más amplios. Unos años antes de publicar aquel libro, en 2018, publicó *La Philosophie devenue folle: le genre, l'animal, la mort*, en el que criticó la teoría de género y acusó a John Money (orígenes sexológicos del concepto de género), Judith Butler (teoría queer y deconstrucción del género), Peter Singer (liberación animal) y Donna Haraway (no existe dicotomías entre hombre, máquina y animal), de borrar los límites entre hombres y mujeres, animales y humanos, vivos y muertos. También criticó el transhumanismo.

En sentido muy distinto, otras figuras de izquierda defienden lo woke como una evolución necesaria de la conciencia social. El filósofo Fernando Broncano lo describe como una llamada a la conciencia sobre problemas globales y critica la nostalgia de la izquierda por no adaptarse a las nuevas formas de transformación social.

A nivel cotidiano, dentro de los movimientos de izquierda surgen también contradicciones prácticas, aunque no se discrepe en lo teórico. Por ejemplo, en España, el feminismo se ha visto fragmentado debido a debates sobre la ley trans y la abolición de la prostitución, y una muestra de ello es que en las jornadas del Día de la Mujer (8 de marzo) de los últimos años hubo manifestaciones separadas de varias tendencias feministas en diversas ciudades.

En sentido inverso, tampoco faltan llamadas a la unidad y la militancia prowoke. Un ejemplo lo dio Jane Fonda, una leyenda del cine americano, que a lo largo de su vida ha participado en causas como el feminismo, los derechos civiles, lucha contra el racismo, el cambio climático o las guerras. Al recibir en febrero de 2025 el premio del Sindicato de Actores de cine de Hollywood por su trayectoria se reafirmó en sus criterios y, en diatriba contra Trump, declaró: "Debemos permanecer en comunidad. Debemos ayudar a los vulnerables (…) Tenemos que apelar a nuestra empatía y no juzgar, sino escuchar desde el corazón (…). Porque esta empatía no supone debilidad ni ser woke. Y, por cierto, que ser woke es que te importen los demás".

Deshojando retazos de lo woke

Los planteamientos woke son un pack completo, pero dentro de él hay vertientes, objetivos y capas muy distintas. Desmontar todo lo woke en un bloque no es posible. Hay que ir exfoliando capas, separando unos aspectos de otros.

Sin pretender un análisis completo, que desbordaría lo pretendido en este libro, vamos a referirnos sintéticamente a varios ingredientes de lo woke, poniendo en evidencia algunos de sus déficits o apuntando reflexiones y líneas de acción para contrarrestar aspectos negativos.

Anotemos, que uno de los elementos comunes de estos movimientos es la sistemática reivindicación de derechos, por lo que merece la pena recordar algo tan simple como que todo derecho implica un deber. Sin embargo, esto se ha olvidado en las sociedades modernas. Se reclaman derechos a todas horas, a la vez que las referencias a los deberes son casi inexistentes.

Además, muchos de los "nuevos derechos" son simple fruto del deseo, y, en algunos casos, verdaderas aberraciones, alejadas incluso de lo racional. Han conseguido que parlamentos y gobiernos aprueben bastantes de ellos, y los presentan como victorias, como avances, pero algunos son regresiones profundas porque atentan contra la vida, la dignidad de la persona y la naturaleza lógica de las cosas. Y, por supuesto, sin sentido de trascendencia.

Feminismo

El feminismo pasó por diversas fases u olas. En la primera de ellas, a finales del siglo XIX e inicios del XX, el eje fue conseguir la igualdad legal y política con los hombres, los derechos civiles de las mujeres. Entre ellos el derecho de voto (sufragio femenino), acceso a la educación formal de manea idéntica a la de los hombres, mejoras del derecho de propiedad y herencia (no podían tener cuentas corrientes propias ni pasaporte sin autorización masculina), etc.

Este movimiento surgió cuando la mujer estaba relegada a los roles domésticos sin acceso no solo a las estructuras de poder político sino ni siquiera a actividad profesional externa al hogar.

Conseguido lo anterior, todo ello muy justo, tras la Segunda Guerra Mundial, y sobre todo a partir de los años 60 del siglo XX, en paralelo a movimientos sociales como los derechos civiles, el pacifismo y diversos movimientos contraculturales, llega la segunda ola feminista.

Su reivindicación va dirigida a avanzar en ámbitos sociales, económicos y culturales, más allá de los derechos políticos. Rechazo a limitar los roles de la mujer a los tradicionales de esposa y madre, reclamando entrada en el campo profesional. También la igualdad en el trabajo, eliminación de discriminación salarial en función de ser hombre o mujer. Se denuncia de la violencia de género y al acoso sexual.

Pero esta ola incluye ya como parte fundamental elementos perturbadores: sobre todo los eufemísticamente denominados "derechos reproductivos", que van desde los métodos anticonceptivos a la legalización del aborto. En fases posteriores, este último no sólo sería planteado como un recurso legal, sino incluso como un derecho.

Un aspecto fundamental sería el cambiar la referencia "sexo" por la de "género". Olvidar lo biológico y darle contenido cultural. El sexo se refiere a las características biológicas y fisiológicas que determinan si una persona es hombre o mujer, mientras que el género es una construcción social y cultural que define roles, comportamientos y expectativas asociadas a esos sexos (se amplía al hablar de la ideología de género).

Otra línea asumida de forma casi generalizada: la agresividad antimasculina. Se afirma que las relaciones hombre-mujer son opresivas para ésta, y, siguiendo el concepto marxista de lucha de clases (ahora las clases sociales enfrentadas no son propietarios y proletarios, sino hombre y mujer), se denuncia el "patriarcado", manifestando, por ejemplo, que la violencia contra la mujer, incluso la del propio hogar, no es un asunto individual, con culpabilidad limitada a quien la ejerce, sino una consecuencia de la estructura patriarcal. Una frase-eslogan utilizada es "Lo personal es político". Por tanto, hay que destruir el patriarcado. Las pensadoras principales de tales planteamientos fueron Simone de Beauvoir (*El segundo sexo*) y Betty Friedan (*La mística de la feminidad*).

Hasta aquel momento, las iniciativas de este feminismo se centraban en las mujeres blancas de clase media-alta. Quedaban fuera las de otras razas y las pobres, es decir, la mayoría de la humanidad.

En la tercera ola, ya en los años 90 del siglo XX e inicios del XXI, nueva apretada de tuerca en aspectos como los de diversidad e inclusión. Se intenta que en las reivindicaciones feministas incluyan a los colectivos marginales, como las mujeres asiáticas, latinas, afrodescendientes en Estados Unidos, y, muy especialmente, incorporar lo LGTBI+. Asimismo, se dispara una reivindicación de la sexualidad femenina como fuente de poder y autonomía (se incluye lo queer[2], el cambio de sexo…).

Pero al mismo tiempo que se reivindican tales aspectos, algunos cuestionan cómo ha sido planteada la feminidad, lo que significa quiebra con el feminismo anterior. No faltan choques entre sectores feministas. Unos reivindican el poder femenino, aquella lucha de clases, en tanto que otras abriéndose a todo los LGTBI+ y trans destruyen la base del propio feminismo, puesto que, según aquellos, deja de haber hombre o mujer.

En los últimos años el cambio ya no deriva tanto de nuevos planteamientos de principio como en el uso tecnológico de las redes sociales y de las tecnologías para difundir tales ideas y movilizar. Con ello pretenden romper los esquemas en base a la promoción del derecho al aborto, la visibilización de la violencia de género y la inclusión de los trans. Un ejemplo fue el movimiento "Me Too", de Hollywood, que puso en evidencia casos de acoso sexual, iniciativa que está siendo seguida

---

[2].- Persona cuya identidad de género y orientación sexual no se ajusta a las normas binarias, hombre/mujer.

en otros muchos países. En España está afectando a diversos cineastas y periodistas.

El feminismo sigue teniendo mucha vitalidad y hoy infinidad de mujeres, y no pocos hombres, se declaran feministas. Pero los resultados de diversas encuestas de los últimos años van indicando que los jóvenes cada vez se sienten menos feministas y aceptan menos la ideología de género. En mayor grado, los varones. No son pocos los que consideran que se ha ido demasiado lejos.

Un apunte final especialmente emotivo que entiendo puede ser útil a muchos woke, y también a otros.

Una periodista amiga, ya fallecida, con quien tenía gran confianza y con quien en confidencia hablábamos de aspectos nucleares de la persona, de la vida, del espíritu, que había luchado en los años 70 y 80 del siglo XX por los derechos, o supuestos derechos, de las mujeres, me confesaba con pena hacia el final de su vida: "Todas o casi todas las compañeras nuestras que luchamos en aquel momento por los derechos de las mujeres, por la emancipación, por el derecho a la anticoncepción y al aborto, estamos separadas o divorciadas. Ha sido un precio muy alto".

No había dejado de considerarse feminista, pero se daba cuenta de que había destrozado a su familia, gran parte de su existencia, que estaba sola, que incluso vivía en indigencia económica, por unas ideologías que, aun teniendo aspectos positivos, no llenan el corazón.

Tuve la impresión de que comprendió que había ganado en algún aspecto, pero lo que había tirado por la borda era infinitamente superior.

Hombre-Mujer / Masculinidad

Decir hoy que solo hay dos sexos es motivo suficiente para ponerse en el disparadero y ser duramente atacado. Basta recordar los dardos contra los psicólogos y profesores de la Universidad de Oviedo, José Errati y Marino Pérez Álvarez, porque publicaron el libro *Nadie nace en un cuerpo equivocado* (2022), subtitulado *Éxito y miseria de la identidad de género.*

Que hay dos sexos es una obviedad biológica, aunque en estos momentos esté contestada por una supuesta modernidad, por la "ideología de género".

"Varón y hembra los hizo", se dice en la Biblia, y la complementariedad de los sexos es precisamente la base del funcionamiento de la sociedad. Pero lo woke roba la identidad, de forma especial la masculinidad. Lo ha conseguido en buena parte, hasta el punto de que para que la sociedad funcione con lógica habrá que volver a enseñar a muchos hombres a ser varón. O a actuar como tal. No se trata de ser supermacho, ni macho alfa, sino persona que sabe amar como hombre, que sabe ser padre.

Todo ello aceptando el corregir errores de otras épocas. Es una realidad que históricamente, a los varones, incluidos los que en la actualidad tienen una edad avanzada, se les formó en un ambiente externo y unas líneas educativas dirigidas a no expresar los sentimientos. Ya desde pequeño, al niño se le imponía un sentido del deber y una obediencia a la norma. Un esforzarse sin exigir nada, un no lamentarse ante las contrariedades. Se podía sintetizar en aquella frase muy repetida de "¡los hombres no lloran!". En suma, se exaltaba una virilidad que incluía dominar los sentimientos, lo que implicaba, indudablemente, un déficit en ternura.

Hoy, sin embargo, impulsado por sectores feministas, y woke en general, se pretende formar a los hombres en lo que denominan "nuevas masculinidades", que en la práctica significa querer hacer de los varones unas "madres bis" o "mujeres bis". Se intenta "deconstruir" al varón. No se trata solo de proponer cambios de roles, en el sentido de que también el hombre puede hacer camas, comprar en el supermercado, cambiar pañales de bebés, cocinar, duchar a los niños, planchar o poner el lavaplatos. Se busca un cambio de esencia, de concepto, mutar el valor de lo masculino y de lo femenino. Se intenta sobre todo borrar lo que aporta el varón: la firmeza del padre, la seguridad que da a los suyos, los horizontes que puede marcar, la apertura que da. No es contradictorio con la capacidad de cuidar, de empatizar, en lo que muchos varones han de mejorar.

Tal erosión de lo masculino está impregnando buena parte de la sociedad, creando desconcierto y desajustes en las familias, en las personas y en la educación de las nuevas generaciones.

Una muestra extrema del deterioro del concepto de masculinidad se puede ver en un fenómeno ciertamente muy minoritario pero que se ha desarrollado en las últimas décadas. Lo denominan ahora *crossdressing*, lo que hasta hace poco se entendía por travestismo. A diferencia de la transexualidad, aquel consiste en una práctica por la cual una persona, generalmente identificada con su sexo biológico, se viste y actúa como alguien del sexo opuesto, sin desear cambiar su identidad sexual. Quienes lo practican son hombres aparentemente normales, con un trabajo como el de cualquier otro ciudadano, incluso con una pareja estable y con hijos. Se visten y maquillan extremosamente… como mujeres.

Puede parecer un simple juego, que algunos presentan como arte o incluso como una forma de liberación, pero en su fondo es muestra de una lesión profunda, tanto personal como social. Una sociedad y una cultura que llevan décadas dinamitando la diferencia sexual, ridiculizando la masculinidad y promoviendo una idea falsa de libertad que se identifica con la autodeterminación absoluta del yo ha hecho que bastantes hayan interiorizado tan enorme confusión. Y que muchos más lo acepten acríticamente.

El *crossdressing* (o travestismo) muestra una herida antropológica que no se puede ignorar. Por ello, como escribió Alfonso Siena, periodista de *Fórum Libertas*, "cuando un hombre se pone peluca, maquillaje y medias, no está simplemente jugando a ser mujer, está, aunque no lo quiera, negando una verdad esencial: que fue creado varón, que su cuerpo no es un accidente, y que su masculinidad herida, incomprendida o quizás oculta no es prescindible ni intercambiable".

En otras palabras, el cuerpo no es un disfraz que usamos para movernos por el mundo, sino signo visible de nuestra identidad y vocación. Hay una irrepetible identidad masculina que el travesti no ha sabido descubrir. Siena añade: "El drama del *crossdressing* no es que sea 'raro' o 'antinatural' -aunque lo sea-, sino que intenta curar con disfraces lo que solo se sana con verdad. Y el problema no son tanto los hombres que se visten de mujeres, sino una sociedad que les ha enseñado que ser hombre no basta. Que la masculinidad no es don."

Ideología de género / Colonización gender

En una conferencia en el Vaticano (1 de marzo de 2024), el papa Francisco dijo: "hoy el peligro más feo es la ideología de género, que borra las diferencias. He pedido estudios sobre esta fea ideología de nuestro tiempo, que borra las diferencias y hace que todo sea lo mismo; borrar la diferencia es borrar la humanidad". Añadió que "hombre y mujer ... existen en una fructífera 'tensión'".

Unos años antes, en la Exhortación Apostólica *Amoris laetitia* (2016), n. 56, Francisco decía: "La ideología de género niega la diferencia y la reciprocidad natural de hombre y mujer". Y, en la misma Exhortación, hablando de ciencia y de ideología de género, el papa manifestaba: "Otro desafío surge de diversas formas de una ideología, genéricamente llamada *gender*... Es inquietante que algunas ideologías de este tipo, que pretenden responder a ciertas aspiraciones a veces comprensibles, procuren imponerse como un pensamiento único que determine incluso la educación de los niños. No hay que ignorar que el sexo biológico (sex) y el papel sociocultural del sexo (gender), se pueden distinguir, pero no separar... Una cosa es comprender la fragilidad humana o la complejidad de la vida, y otra es aceptar ideologías que pretenden partir en dos los aspectos inseparables de la realidad. No caigamos en el pecado de pretender sustituir al Creador. Somos creaturas, no somos omnipotentes. Lo creado nos precede y debe ser recibido como don. Al mismo tiempo, somos llamados a custodiar nuestra humanidad, y eso significa ante todo aceptarla y respetarla como ha sido creada".

Cuando este libro se redacta (primera mitad de 2025), el papa León XIV aún no ha pronunciado discursos cuyo tema principal sea la "ideología de género", ni consta en documentos oficiales una condena explícita con esa denominación. Sin embargo, sí hay antecedentes de su etapa como obispo de Chiclayo y luego como cardenal, en los que expresó desacuerdo con ciertos enfoques de la enseñanza de género.

En 2016, el entonces obispo Robert Prevost se pronunció contra la inclusión de enseñanza sobre género en las escuelas peruanas. Según publicó el periódico de dicho país *Diario Correo*, el obispo declaró: "La promoción de la ideología de género es confusa porque busca crear géneros que no existen. Dios creó hombres y mujeres, y tratar de confundir las ideas de la naturaleza sólo dañará a las familias y a las personas". Y en 2012, siendo prior general de los Agustinos, criticó lo que llamó la "simpatía" de los medios occidentales por el "estilo de vida homosexual" y por "familias alternativas compuestas por parejas del mismo sexo y sus hijos adoptados".

En diversos documentos de la jerarquía católica se rechaza la ideología de género. Entre ellos *La carta a los obispos sobre la colaboración del hombre y la mujer en la Iglesia y el mundo* (2004), en la que se señala la existencia de una "ideología" que busca borrar las diferencias naturales entre hombres y mujeres, o el documento de la Congregación para la Educación Católica, *Varón y mujer los creó* (2019), que ofrece una crítica detallada de la ideología de género y propone una educación basada en una antropología cristiana integral. Se podrían sumar otros muchos documentos o declaraciones.

Pero, ¿qué es y cómo surgió la ideología de género?

Es una construcción teórica que plantea que el género (ser hombre o mujer) no está determinado por el sexo biológico, sino por factores culturales, psicológicos y sociales. Esta ideología sostiene que la identidad de género es fluida y puede diferir del sexo biológico. Por tanto, uno no es hombre o mujer, sino lo que desea ser, o cómo se percibe. Y, por supuesto, puede cambiar si lo desea.

La base de la teoría de género es la distinción entre sexo y género. En el origen encontramos a Simone de Beauvoir (1949), que dijo: *"No se nace mujer: se llega a serlo"*, frase que sentó una base teórica clave: el género es una construcción social, no una determinación biológica.

Otras dieron nuevos pasos. Hacia 1970-80, feministas como Kate Millett y Gayle Rubin desarrollaron teorías sobre el género y las relaciones de poder, afirmando que las normas de género son impuestas y afectan a mujeres y hombres de manera desigual. En 1990 Judith Butler (1990) publicó *El género en disputa*, donde expone que el género no es algo que se tiene, sino algo que se actúa (lo denomina "performatividad del género"). Y aparece la teoría queer, que cuestiona que sean fijas las identidades sexuales y de género, proponiendo que son fluidas y construidas culturalmente.

Todo ello es una concepción del ser humano desligada de la realidad biológica y objetiva. Choca frontalmente no solo con los conceptos antropológicos cristianos, sino con la Ley Natural y con la ciencia.

El catolicismo considera tal ideología contraria al orden natural y al plan de Dios para el ser humano, porque éste ha sido creado por Dios "varón y mujer" (*Génesis* 1, 27) y el sexo biológico y la identidad de género están íntimamente unidos y no pueden separarse arbitrariamente. El cristianismo defiende que la diferencia sexual entre hombre y mujer es parte del diseño divino y esencial para la complementariedad, el amor y la procreación.

Como consecuencia, desde una concepción cristiana se está también en contra de la promoción de la ideología de género en escuelas, especialmente con alumnos menores, lo cual se está haciendo impulsado desde las instituciones políticas y educativas, vulnerando el derecho de los padres a educar a sus hijos conforme a sus convicciones. A tener en cuenta, además, que la presión para imponer tal ideología adquiere mayor gravedad y se hace muy visible cuando, además de intentar imponerlo en la educación, lo hacen también con leyes, el matrimonio que denominan "igualitario", los cambios de sexo, la promoción de las personas trans y del homosexualismo, y las políticas públicas supuestamente de igualdad de género y que en la práctica consisten en priorizarlas. Visto desde posiciones cristianas, el problema no es la existencia de personas homosexuales o trans, que deben ser respetadas, sino el homosexualismo convertido en arma política.

El término "ideología de género" no la utilizan los sectores feministas o LGTBI+, que son quienes la promueven, sino sus contrarios, pero entendemos que tal denominación se ajusta perfectamente a la realidad. El uso del término fue iniciado por sectores críticos, especialmente dentro de la Iglesia Católica. El propio Vaticano comenzó a utilizarlo para poner en entredicho determinadas políticas y estudios que cuestionaban la visión de la familia y la sexualidad según la naturaleza humana y los principios cristianos.

A pesar de esta oposición doctrinal a aquella ideología, la Iglesia también insiste en el respeto y la acogida de todas las personas, incluidas aquellas que experimentan disforia de género o se identifican con otra identidad, y llama al acompañamiento y el diálogo, con caridad, sin dejar de lado la verdad sobre la naturaleza humana según la fe católica.

Aunque no es este el lugar para entrar en detalles, anotemos que la relación del feminismo y las teorías de género son complejas, hasta el punto de que mientras algunos feminismos están muy identificados con tales teorías, otros rechazan radicalmente una gran parte de los postulados y la propia estrategia de lucha social. Hay coincidencias en ver el género como una construcción social, creen que las identidades trans y no binarias son válidas y que hay que luchar contra todas las formas de opresión: sexismo, racismo, transfobia, homofobia, etc., pero sectores del feminismo defienden que el sexo biológico es una categoría política fundamental, que el incluir a mujeres trans en espacios femeninos puede borrar o poner en riesgo las luchas específicas de las mujeres nacidas biológicamente mujeres y que el concepto de género como elemento clave de la autoidentificación puede debilitar la base teórica del feminismo.

Ecología / Ecología "integral"

Todos los días se publican informaciones sobre el cambio climático, el calentamiento global o fenómenos asociados a ello, sean de sequías abrasadoras que empobrecen enormes territorios obligando a la emigración forzosa de sus habitantes por motivos climáticos, o, grandes tormentas que provocan destrozos. Aparecen en los telediarios y magazines, en la radio, en las redes sociales. Se publican informes. Desde las instituciones internacionales de mayor nivel como la ONU hasta el ayuntamiento del pueblo más minúsculo se hace referencia a ello. Si de algo se habla hoy a los niños es de ecología. Se insiste tanto que para no pocos se ha convertido en lo fundamental. Aunque no pase de una anécdota menor, es sintomático el resultado de la encuesta que se hizo a los niños de una clase sobre cuál era el valor más importante. La conclusión fue: reciclar.

Tras décadas de información sobre el tema y de sistemática presión se ha logrado una concienciación universal y está asumido casi de manera unánime que hay que cuidar el medio ambiente, destinarle recursos y estimular a instituciones, empresas y ciudadanos para que actúen en consecuencia. La discusión está en si se hace lo suficiente y en las líneas más correctas.

En sentido contrario, aunque son muy minoritarios, no faltan quienes se muestran escépticos sobre el cambio climático y el alarmismo creado sobre él, y, en particular, cuestionan que sea culpa de la acción del hombre. No entraremos en el debate. Ni estamos capacitados, ni nos corresponde. Solo anotar que al menos en algún aspecto damos la razón a estos críticos: muchas catástrofes que a lo largo de años nos han augurado una y otra vez no se han cumplido. Quienes tenemos cierta edad, deberíamos haber muerto ya unas cuantas veces de haberse hecho realidad los pronósticos. Incluso habría desaparecido la humanidad entera. Pongo un ejemplo. No pocos dieron por poco menos que llegado el fin del mundo -puede comprobarse en las hemerotecas y reportajes televisivos- cuando en enero-febrero de 1991, en la guerra de Irak, las tropas irakíes en retirada incendiaron 700 pozos de petróleo de Kuwait, ante la ofensiva de las fuerzas de la Coalición Internacional en lo que se denominó Operación Tormenta del Desierto. Se tardó muchos meses en conseguir extinguir los incendios. Los últimos pozos habían exigido diez largos meses de esfuerzos. Fue gravísimo, y la contaminación enorme, pero el mundo siguió.

Los ecologistas nos anuncian catástrofes un día sí y el otro también, y como filosofía de vida es interesante saber que los catastrofismos raramente se cumplen. No solo en lo ecológico.

En todo caso, afirmamos sin fisura que es fundamental cuidar el planeta y seguimos al papa Francisco cuando en la encíclica *Laudato sí* (2015) afirma que *"quien no respeta la Creación no hace la voluntad de Dios"*. El pontífice recordaba que Dios ha encomendado al hombre la guarda y custodia de la creación, y el hombre debe hacerlo. Dicho en lenguaje más directo, no es cristiano maltratar el planeta.

La *Laudato Si* es el documento de la Iglesia católica sobre el medio ambiente que ha tenido mayor difusión, y también la encíclica del papa Francisco más ampliamente leída. En algunos aspectos resultó controvertida dentro de la Iglesia, no tanto por su contenido, sino porque bastantes creyentes, especialmente de sectores conservadores, consideraron que el Papa ponía más interés y atención en la ecología y en plegarse a los intereses del mundo que en atender la doctrina católica. Otros, por el contrario, valoraron la publicación como políticamente inteligente. El asunto abordado era el medio ambiente, en particular el cambio climático. Suponía apartarse de temas como el matrimonio, el aborto y la moral sexual, tratados insistentemente a lo largo de los años por los papas, en especial por Juan Pablo II y Benedicto XVI. Quienes aplaudieron la encíclica, por el contrario, atribuían a Francisco sentido de oportunidad teniendo en cuenta que la doctrina católica sobre aquellos asuntos tratados por sus predecesores resulta antipática para las élites occidentales, a las que, por el contrario, les entusiasma el activismo climático, y por ello le dieron muy buena acogida.

En bastantes puntos, ciertamente, la *Laudato Si* suena como un panel de Naciones Unidas sobre el cambio climático. Sin embargo, la encíclica fue mucho más allá, aunque quizás no todos, o solo unos pocos, captaron su profundidad.

Incluía una denuncia del capitalismo occidental y la cultura tecnológica, lo que agrada también a no pocos sectores, pero, sobre todo, planteaba la ecología desde una óptica "integral", de verdadera ecología humana. Es decir, el centro en el ser humano, no en las plantas, los mares o los animales. La creación entendida no solamente como naturaleza, sino también su dimensión humana y social. De este modo ponía con toda claridad de manifiesto la incongruencia de exigir el respeto a la naturaleza material y, a la vez, no respetar la naturaleza del ser humano.

Hasta tal punto enfatizaba esta vertiente humana que *Laudato Si* incluso habla de la ideología de género y su nula relación con la realidad científica. Afirmaba el Papa que la aceptación del propio cuerpo como don de Dios es necesaria para acoger y aceptar el mundo entero como regalo del Padre y casa común. Aprender a recibir el propio cuerpo, a cuidarlo y a respetar sus significados es esencial para una verdadera ecología humana, y la valoración del propio cuerpo en su femineidad o masculinidad es necesaria para reconocerse a sí mismo en el encuentro con el diferente. De este modo es posible aceptar con gozo el don específico del otro o de la otra, obra del Dios creador, y enriquecerse recíprocamente. Por lo tanto, señalaba el Papa, no es sana una actitud que pretenda "cancelar la diferencia sexual porque ya no sabe confrontarse con la misma".

Francisco recordaba también que la ecología "integral" es inseparable de la noción de bien común, en la medida en que este principio desempeña un papel central y unificador en la ética social. La dedicación a preservar y cuidar la creación será tanto más genuina cuanto más se oriente a la promoción del bien común, es decir, al desarrollo humano integral.

Lo expuesto en los párrafos anteriores evidencia que la visión del papa Francisco era bastante distinta de la de gran parte de los ecologistas. La de estos suele ser inmanente, limitada a ras de tierra, mientras el Papa recordaba que Dios ha hecho el mundo y los hombres hemos de procurar conservarlo, teniendo en cuenta que las cosas están al servicio del hombre. En el *Génesis* 1.28 Dios dijo a Adán y Eva, *"dominad la tierra"*, que no implica destruirla, sino administrarla bien.

Los ecologistas mostraron satisfacción por la *Laudato si*, aunque de las declaraciones de la mayoría no se deducía que hubieran captado el sentido de ecología "integral".

Dentro de los ecologistas hay diversos niveles de radicalidad, pero, para no pocos, es una nueva religión laica y, con ella, el amor a la naturaleza es un nuevo totem. Se suele argumentar que es una cuestión de ciencia, pero forma parte de una ingeniería social en la que hay mucha más ideología que ciencia. Una buena parte del ecologismo va más allá de amor a la naturaleza, cuidarla, apreciar la belleza. A menudo se llega a sub-valorar o incluso a rechazar el ser humano en aras de una supuesta defensa de la naturaleza.

Llegar a la situación actual en que casi toda la sociedad ha asumido respetar el medio ambiente ha implicado mucho trabajo, mucha planificación y mucha actuación de lobbies. A veces con intereses muy deter-minados. Un aspecto especialmente relevante y negativo es el intento dirigido a controlar la población humana. Ya en 1974, siendo Richard Nixon presidente nortea-mericano, pidió un informe a su Secretario de Estado, Henry Kissinger, sobre cómo podía influir cara a los Estados Unidos la amenaza del crecimiento de la población en el mundo. No era específicamente sobre ecología, pero en este informe ya aparecen líneas dirigidas a reducir la población, planificación familiar, reducir el tamaño de las familias... Luego estos criterios los asumieron otros.

Especialmente significativo por la proyección que adquirió es también el caso de Al Gore, que fuera vicepresidente de los Estados Unidos cuando lo presidía Bill Clinton y perdió como candidato demócrata las elecciones del año 2000 ante George W. Bush. Ya mucho antes de llegar a aquel cargo, pero sobre todo después de dejar la vicepresidencia, se convirtió en un activista climático volcado a impartir cursos y pronunciar conferencias, promover grabaciones, documentales, etc. El caso más impactante y significativo fue el de narrador del documental *An Inconvenient Truth* (Una verdad incómoda) del año 2006 sobre el calentamiento global y el cambio climático, que ganó toda clase de premios, incluidos dos Oscar de Hollywood.

Los ejemplos podrían multiplicarse. El ecologismo se ha convertido en doctrina oficial, al menos en Occidente. Uno de sus aspectos, en el que insisten de manera particular en los últimos años, es el de la limitación de la población humana. Promover la anticoncepción, reducir los nacimientos, recortar ayudas a países del Tercer Mundo si no se doblegan a las políticas del control de natalidad... y hasta promover el aborto sin limitaciones. Se parte de que el ser humano es el depredador de la naturaleza y, por tanto, hay que reducir su acción, empezando por disminuir el número de personas.

No pocos de los que defienden con encono a animales o vegetales son, a la vez, muy agresivos contra el ser humano. Luchan por especies de gusanos, peces, pájaros, anfibios, etc., y está muy bien, pero promueven el aborto de los niños. Está más defendido el huevo de un águila que un niño en el seno de su madre. En un debate televisivo a un ecologista se le preguntó cómo podía defender una especie animal y, sin embargo, era partidario de todas las limitaciones al ser humano, incluido el aborto. Su respuesta fue: "la especie humana no está en peligro de extinción, mientras (tal especie animal) sí".

Animalismo / Perrhijos

Una evidencia: en las sociedades occidentales el número de mascotas, especialmente perros y gatos, es espectacular. En no pocos países y territorios, el número de perros es muy superior al de niños, y los recursos económicos y de tiempo a ellos destinados por las familias son enormes.

Tal hecho muestra la mentalidad imperante y las prioridades de millones de personas, pero lo más desastroso es la "humanización" que se hace de los animales. Se les trata como si fueran seres humanos, se conversa con ellos (sin respuestas, claro), se habla acerca de ellos como si se tratara de hijos, se les llevan en carritos o en brazos como a bebés, se les destinan unas atenciones que razonablemente deberían reservarse a los seres humanos. Hace ya más de un siglo, el audaz Chesterton escribió que, tras el ideal de tratar a los animales como si fuesen seres humanos, se esconde el secreto anhelo de tratar a los seres humanos como si fuesen animales.

Yendo más allá de las mascotas, y ampliándolo a los animales en general, en diversos países se han aprobado leyes de protección de los animales pretendiendo otorgarles derechos como si de personas se tratara. Todo esto va mucho más allá de rechazar el maltrato a los animales.

El filósofo José Antonio Marina, manifestaba en declaraciones a *El Debate*: "Apelar al concepto de derecho para los animales devalúa la noción de derecho". Y añadía: "El concepto de bienestar animal es una reacción al hecho de que los seres humanos han sido muy insensibles ante el dolor animal. Hay que tener en cuenta que nosotros al cabo del año matamos cientos de millones de animales. Pero se cogió un mal camino: querer reconocer derechos a los animales. Y los derechos forman parte de la creación humana. Se puede proteger a los animales, pero no porque ellos tengan derechos como propiedad intrínseca, porque es una propiedad intrínseca creada por la inteligencia humana. Si los protegemos con un derecho no es porque los tengan, es porque de esta manera podemos augurar mejor que no vamos a cometer atrocidades con los animales".

El animalismo, o animalismos, es una de las vertientes de lo woke. Los animalistas quieren negar o difuminar que los seres humanos y los animales tienen naturalezas diferentes, pero la realidad es que el ser humano tiene una dignidad única. Incluso para alguien que no tenga creencias religiosas, le basta pensar en la distancia entre uno y otros en autoconciencia, aptitud de introspección, conocimiento abstracto. El ser humano tiene capacidad de crear, preservar y transmitir la cultura. Y los humanos son agentes morales, capaces de tomar decisiones basadas en principios éticos, y por ello solo a los seres humanos se les puede exigir responsabilidad moral. Los animales pueden mostrar comportamientos sociales o empáticos, pero no actúan con conciencia moral. O sea, ontológicamente, las diferencias entre seres humanos y animales afectan a la esencia de unos y otros.

Otro de los argumentos esgrimidos por los animalistas es que los animales merecen igual consideración moral que los humanos porque son seres "sintientes". Efectivamente, los animales sienten y sufren dolor. Y en lo físico tal dolor puede ser tan fuerte como en el de los humanos, pero no tienen la misma conciencia de ello. Los humanos no solo sienten dolor, sino que saben que lo sienten. Pueden anticiparlo, interpretarlo, darle un significado personal, comunicarlo con su lenguaje, reflexionar sobre lo que le está pasando y saber porque tiene tal dolor o que le puede volver a pasar, o quizás intentar evitarlo. Y, ya pasado, recordarlo, e incluso describirlo, escribir libros, crear arte o hacer películas sobre él.

Está científicamente demostrado que muchos animales (especialmente vertebrados) sienten dolor físico y emocional, y reaccionan al dolor con vocalizaciones, huida, cambios fisiológicos, etc., y también asocian el dolor con un posible peligro e intentan evitarlo, pero tienen una conciencia primaria (se dan cuenta del entorno y de sí mismos en cierto grado), pero no autoconciencia reflexiva de lo que les ocurre.

Hay otros muchos aspectos diferenciales:

- Solo las personas sabemos que moriremos.

- Los seres humanos tenemos pudor, que es sentido de intimidad, de no mostrar en público determinadas partes del cuerpo o de nuestra privacidad. Los animales no saben ni sienten que van desnudos (ni siquiera las mascotas entienden porque las visten).

- Los animales no han escrito libros, ni tratados, ni han prosperado en conocimientos.

- A los niños, a las personas, se las forma, a los animales se les adiestra o se los domestica.

- Cambios de comportamiento. Por ejemplo, cuando un animal deja el pecho de su madre se olvida de ella, mientras los hombres no nos olvidamos de su rostro, sino que, por el contrario, con el paso del tiempo se va haciendo en nosotros más nítido (a no ser que se animalice, que también alguna vez pasa).

Desde una perspectiva cristiana, de otro lado, el ser humano tiene un alma inmortal, y tras el paso por la tierra recibirá premio o castigo en función de sus obras.

A quienes quieren equiparar legalmente los animales con las personas se les puede cuestionar, por ejemplo, ¿podría un animal demandar a un humano por violar sus "derechos humanos"?

Más allá de principios, interesa reflexionar también sobre los efectos prácticos: ¿Sería razonable eliminar los recursos animales de la alimentación humana?

A recordar que, desde el punto de vista cristiano, Dios dio potestad al hombre sobre los animales. En el libro del *Génesis* 1, 26), Dios le da a Adán potestad sobre los animales: "Hagamos al hombre a nuestra imagen, conforme a nuestra semejanza; y tenga potestad sobre los peces del mar, las aves de los cielos, las bestias, sobre toda la tierra, y sobre todo animal que se arrastra sobre la tierra". Más adelante, en el versículo 28, Dios bendice a Adán y Eva y les dice: "Fructificad y multiplicaos; henchid la tierra y sojuzgadla, y tened dominio sobre los peces del mar, las aves de los cielos y sobre todas las bestias que se mueven sobre la tierra".

El escritor Juan Manuel de Prada, escribió en *ABC* que el animalismo, "bajo su disfraz de refinamiento civilizatorio, esconde el fin de la civilización. Es la vuelta al panteón egipcio, poblado de dioses oscuros a los que no se puede rezar, sino tan sólo apaciguar con sacrificios humanos". "En todos los crepúsculos civilizatorios se impone el animalismo", escribe, y afirma que tal idea la intuía Joseph Roth en *La cripta de los capuchinos*: "Los hombres que aman demasiado a los animales emplean en ellos una parte del amor que debieran dar a los seres humanos; y me di cuenta de lo justa que era esta apreciación cuando comprobé casualmente que los alemanes del Tercer Reich amaban a los perros lobos, a los pastores alemanes. '¡Pobres ovejas!', me dije".

Dejando de lado el conjunto de los animales para centrarlo en los que se relacionan con el ser humano y le acompañan, es loable valorar y querer a las mascotas, sin olvidar jamás que los animales son animales.

De los perros maravilla su fidelidad, su compañía, el permanecer a los pies de su amo las horas que haga falta, defenderlo hasta quizás morir por él, recibir con júbilo a su dueño moviendo la cola como un ventilador, incluso con aquellos que les maltratan. Se puede afirmar que dan más alegrías que muchos humanos. Ojalá supiéramos imitarlos.

Pero, como se dijo antes, sin humanizarlos. Mucho menos aún, sin considerarlos los nuevos hijos y sin sustituir a estos. Fernando López Mirones, zoólogo y documentalista, autor del libro *Lupus Deus, el dios lobo, regreso al totem* (2024) denuncia los excesos del ecologismo -y manifiesta que *"el amor a los animales es una trampa ideológica"*, añadiendo que en este ecologismo radical hay un proyecto eugenésico: *"tenga perros, no tenga hijos"*.

El papa Francisco manifestó que "tener hijos es

el primer indicador de la esperanza de un pueblo" y en la sesión de los IV Estados Generales de la Natalidad (Italia) que presidió en 2024, dijo: "No faltan perritos, gatos…, estos no faltan. Faltan niños. No, el problema de nuestro mundo no es que nazcan niños: es el egoísmo, el consumismo y el individualismo, que hacen a la gente saciada, sola e infeliz. El número de nacimientos es el primer indicador de la esperanza de un pueblo".

Jesús Urteaga, un sacerdote que en los años 60 del siglo pasado impartía unas charlas por televisión y que escribió libros como *El valor divino de lo humano* y *Dios y los hijos*, expresó ya en aquellas lejanas fechas esta sentencia: "No tenéis hijos. ¡Tendréis perros!". En aquellos años muy pocos hogares tenían mascotas, porque, aunque había muchos canes, eran para vigilancia o caza y, en general, no se les consideraba animales de compañía y mucho menos miembros de la familia como se hace hoy. Fue profético.

Racismo / Teoría Crítica de Raza

En las últimas décadas el racismo ha disminuido. Incluso mucho en un gran número de países y sociedades. Éstas se han vuelto mucho más multiculturales, y, al menos en Europa occidental y Estados Unidos, la convivencia de personas de muchas etnias es lo ordinario en cualquier población. Cosa distinta es que la sensibilidad sobre el tema sea mucho mayor que en otras épocas, por lo que la denuncia de cualquier vulneración tiene una gran proyección y respuesta.

Con todo, sigue habiendo racismo y las críticas y lucha contra él no solo son legítimas, sino positivas. No hay unas razas superiores a otras, y todas las personas son hijas de Dios. En consecuencia, no puede cesar el esfuerzo por la igualdad de oportunidades, el acceso a la educación, sanidad, empleo, vivienda o justicia sea cual sea la raza de las personas. También se debe promover la conciencia histórica sobre la discriminación racial, la esclavitud o el colonialismo para evitar que se repitan. Asimismo, en la acción político-social hacer visible que hay prácticas que perjudican sistemáticamente a ciertos grupos, en algunos casos por motivos raciales, y procurar ir incorporando a todas las personas a los espacios ordinarios de la sociedad, incluidos los de poder, así como establecer marcos legales y sociales que protejan a las personas de los que suelen denominarse "delitos de odio".

Lo anterior es asumido hoy por la mayor parte de

ciudadanos, al menos como principios, aunque a veces cueste implementarlo, pero los activistas woke antirracistas suelen adoptar posturas extremistas. Una de sus pautas, de manual, es el victimismo permanente. Cualquier referencia, interacción, comentario… que alguien haga, incluso el más inocente, es interpretado como racista. Ello trivializa los casos en que puede haber racismo real, y, de otro lado, en las demás personas genera resentimiento o sensación de censura excesiva, que hace desagradable la convivencia.

Lo anterior enlaza con la presión por "cancelar", tan propia de los woke. Se incluye en ello el castigar sin posibilidad de diálogo o redención a personas por errores o frases mal expresadas, o entendidas como hirientes por los muy susceptibles. Expresiones que, además, pudieron ser dichas varias décadas atrás. Es una imposición ideológica que suele culpar colectiva e injustamente a grupos. Un ejemplo es la referencia de "todos los blancos son opresores" que se oye con frecuencia en Estados Unidos.

Otro aspecto a destacar entre los antirracistas es la negación de los avances realizados en este campo. Queda mucho por hacer, ciertamente, pero una mirada desapasionada a la situación de solo unas pocas décadas atrás permite comprobar que el avance ha sido muy grande. No reconocerlo lleva a radicalizar el discurso, y, por tanto, a polarizar y crispar la relación. Sin una apertura al diálogo, sin comprensión ni amor, se puede pasar de un extremismo a otro. De facto, algunos caen en un racismo a la inversa al de otras épocas: los culpables de todo son los individuos de raza blanca.

Teoría Crítica de la Raza

En su rechazo al racismo, algunos han dado unos pasos más, lo han teorizado y ejercen de guardianes ante todo posible acto o referencia que consideren racista. Destacan los que sustentan la denominada Teoría Crítica de Raza (TCR), desarrollada sobre todo en Norteamérica.

La TCR es una concepción teórica que estudia la estructura social y la cultura en las relaciones con la raza. Surgió en los años 70 del siglo XX en los Estados Unidos y parte del planteamiento, real en buena parte, de que el racismo está arraigado en las instituciones, leyes y prácticas sociales del país. Dicho de otra forma, que el racismo forma parte de la sociedad estadounidense en todos los ámbitos, desde la educación y la vivienda hasta el empleo y la atención médica. Que es estructural y sistémico más allá de los prejuicios individuales.

Que persiste un racismo estructural es reconocido por la mayoría de ciudadanos americanos, pero como todo lo relacionado con la lucha contra el racismo en aquel país tiene el objetivo de promover la justicia racial, también ha generado importantes debates éticos y controversias en contextos educativos, judiciales y políticos, porque no es fácil el equilibrio entre justicia y libertad.

Los seguidores de la TCR suelen ser muy radicales. Promueven una visión esencialista de la identidad racial, hasta el punto de que las experiencias de las personas se entienden casi de manera exclusiva a través de su raza, como si en nada influyeran otros aspectos.

Además, como de manera sistemática expresan quejas sobre supuestas agresiones, aunque sean mínimas o sin entidad, impiden la libertad de expresión de los demás ciudadanos obligando a caer en lo políticamente correcto. De otro lado, al desarrollar toda su iniciativa en base a grupos racializados, fomentan las divisiones raciales en la sociedad y en la política en lugar de reducirlas.

Los activistas de la TCR enfatizan la que consideran complicidad de toda la sociedad (blanca) con el racismo, con lo que personas que nunca han sido racistas ni han discriminado se ven incluidas entre los culpables, creando un entorno represivo y de mala relación. Esto genera controversia sobre si es justo -que no lo es- atribuir culpa o responsabilidad a individuos por estructuras históricas que no eligieron ni crearon.

Como se ve con lo anterior y otras formas de actuar, los que siguen la TCR ponen en entredicho la verdad. Porque para ellos no hay una verdad objetiva, sino que la realidad depende de la posición o la percepción de la persona. Es relativismo aplicado a la raza o a partir de ella.

Indigenismos

Formando parte del campo de lo woke se encuentran las reivindicaciones indigenistas realizadas no solo por etnias, grupos, tribus… que fueron colonizadas, generalmente por europeos, sino también por gobiernos de países actuales.

Es indudable que muchas de las reivindicaciones de los indigenistas tienen fundamento. Hubo en infinidad de casos despojo de tierras, uso de la violencia, esclavitud, discriminación racial o estructural que llevó a que amplios grupos de la sociedad quedaron sistemática e históricamente excluidos de poder ejercer sus derechos, destrucción cultural y lingüística, creación de estructuras de poder que benefician a unos pocos y que persisten tras la descolonización, extracción de recursos sin que repercutiera en beneficio de los nativos, etc. En no pocos lugares la conquista fue brutal, con masacres y, en algún caso, verdadero genocidio.

De otro lado, aunque en ello no había culpabilidad moral, los colonizadores llevaron consigo en algunos casos epidemias que diezmaron a los nativos porque estos no tenían los sistemas inmunológicos para neutralizarlas o reducir sus efectos. Así, pueblos originarios de América, África u Oceanía nunca habían estado expuestos a enfermedades como la viruela, el sarampión, la gripe o la peste, que eran comunes en Europa. Algunas epidemias se transmitieron rápidamente entre los indígenas, en ocasiones incluso antes de que llegaran de manera directa los europeos a la zona. Por ello hay que precisar que determinadas acusaciones de genocidio contra los colonizadores fueron en realidad muertes por las enfermedades, no por masacres.

En paralelo a las denuncias y acusaciones contra los colonizadores, se han ido generando movimientos, discursos de políticos y hasta versiones oficiales de gobiernos que tienden a idealizar las culturas indígenas precoloniales, presentándolas como sociedades completamente pacíficas, igualitarias, justas, honestas y hasta ecológicamente perfectas. Sin embargo, la realidad histórica fue mucho más variada, y generalmente bastante más negativa. Si se estudia un poco más caso por caso se ve que en aquellas "pacíficas" e "idílicas" sociedades precoloniales había imperios, jerarquías, guerras tribales en las que se exterminaban sin piedad unos a otros. Que se practicaban sacrificios humanos, como en el caso de los mexicas o los mayas (para referirse a algunos colonizados por españoles), y que había formas de opresión interna en las propias colectividades como castas o esclavitud. No faltaba canibalismo, abandono de recién nacidos especialmente de niñas… Era enorme la crueldad con los enemigos. Como detalle anecdótico, los runatinya o tambores de piel humana de los incas. Desollaban a los capitanes de las tribus enemigas a las que vencían y de sus cuerpos hacían tambores.

Muchas situaciones precoloniales eran tan imperfectas y opresoras que a pesar de los numerosos defectos de la acción de los colonizadores, una parte de los pueblos conquistados estaban menos oprimidos que antes. Hubo casos en que los colonizadores, que eran muy pocos en número, se impusieron a etnias o tribus hegemónicas en un amplio territorio porque con ellos colaboraron los miembros de otras tribus que estaban subyugadas por aquellas.

Por tanto, por parte de muchos indigenistas no solo se denuncian excesos reales de los colonizadores, que a menudo se exageran, sino que a la vez se ensalza y enseña en las escuelas un pasado precolonial mitificado. Lo mismo se utiliza política y socialmente con un discurso populista, generando rencores y enfrentamientos. No se reconoce ninguna aportación positiva de los colonizadores, que también las hubo. En muchos casos, sin ser la única pero sí la más importante, la evangelización cristiana, con todo lo que significaba de transmisión de la fe y de reconocimiento de la dignidad de la persona humana.

Ni aplaudir sin más las colonizaciones ni idealizar el pasado precolonial ayuda a un análisis honesto y crítico. De un lado debe reconocerse que diversas culturas que fueron colonizadas no eran las de unos simples salvajes, sino que contenían elementos muy ricos, tales como conocimientos astronómicos, agrícolas, arte sofisticado, pensamiento filosófico y cosmovisiones profundas. Y que los colonizadores destruyeron o minusvaloraron muchas de ellas, a la vez que aportaron otras culturas en nombre de lo que consideraban civilización.

El debate sobre las reivindicaciones indigenistas, por tanto, es complejo y no puede reducirse a una narrativa única de buenos y malos, porque tiene infinidad de facetas en los aspectos históricos, éticos, culturales y políticos. Y, como se ha dicho respecto a otros ámbitos de la historia, no pueden juzgarse con criterios y conocimientos del siglo XXI hechos sucedidos varios siglos atrás. Acciones y actitudes que hoy pueden verse como barbaridades, hace unos siglos los ciudadanos lo percibían como algo normal.

Para un actuar actual correcto, el punto clave no es tanto debatir qué tan buenas o malas eran las sociedades precoloniales, sino qué tipo de reconocimiento, reparación y diálogo intercultural se necesita hoy. Construir un presente más justo, con respeto real a las culturas y derechos indígenas, y valorando lo aportado por los colonizadores. Y, como medio, profunda comprensión y empatía por parte de todos.

Revisionismo histórico

La revisión de la historia está hoy a la orden del día, con un erróneo parámetro común en muchos casos: juzgar hechos del pasado en función de la mentalidad y los principios éticos actuales. Con el aditivo de que se conoce también lo sucedido a posteriori, lo cual, obviamente, los protagonistas del momento desconocían.

La revisión histórica es una de las vertientes de lo woke, aunque no exclusiva de ellos.

La información sobre determinados campos de la historia está hoy especialmente manipulada. Se reescribe mucho, pero no siempre en función de nuevos datos obtenidos de investigaciones más recientes, de estudios, archivos o testimonios, lo que sería muy justo y apropiado, sino a partir de conclusiones predeterminadas para utilizarla con intereses actuales.

Juzgar los hechos del pasado con mentalidad y conceptos éticos de hoy ni siquiera es aplicable a los acontecimientos más graves, como muchas masacres, las Cruzadas, el colonialismo, la esclavitud, las guerras de religión, las expulsiones de disidentes, el reparto del mundo entre potencias, las conquistas de países o el trato a los vencidos... En la forma en que se está haciendo, incluso personajes que durante muchos años han sido considerados extraordinarios y hasta muy humanos han pasado a siniestros. Basta pensar en Churchill o en Colón por citar dos muy destacados.

También están en cuestión los monumentos que se han ido alzando a lo largo de los años. Algunos ensalzan o recuerdan batallas, héroes victoriosos, reyes, políticos considerados egregios y ahora devaluados... ¿Significa que hay que destruir estos monumentos como en algunos lugares se ha hecho?

La ponderación y la honestidad son fundamentales para analizar la historia, y de forma muy especial la que denominan Memoria Histórica, que es lo imperante en este momento. Empezando por dejar claro que no es lo mismo Memoria que Historia. Mientras esta es una disciplina académica basada en fuentes, crítica y análisis objetivo, la memoria es subjetiva y emocional, ya sea a nivel individual o colectivo.

En España y en otros países se palpan los efectos de aplicar una Memoria Histórica sectaria y sin rigor. Centrarse en las víctimas de un bando, dejando fuera o minimizando los crímenes del otro bando. Es decir, generar revanchismo y no buscar la verdad, fomentando una visión sesgada o incompleta de la historia y alimentando divisiones ideológicas. Con la Memoria Histórica, tal como se ha hecho, se han creado de otro lado verdaderos mitos, que quien conozca la realidad sabe que son falsos, o, como mínimo, exagerados o deformados. Se han convertido memorias en verdad oficial sin el debido contraste con una investigación histórica rigurosa.

Se va aún más allá. Se utiliza políticamente la historia. En lugar de contribuir a la reconciliación, ciertos enfoques de la Memoria Histórica reabren heridas y han polarizado aún más a la sociedad. También ha sido y es un instrumento habitual para atacar a la Iglesia.

Al margen de lo político, para analizar y juzgar otros acontecimientos debe tenerse también en cuenta la mentalidad de la época. Por ejemplo, hoy suele verse muy mal la caza. Se la rechaza como agresión y maltrato animal. Sin embargo, en otros momentos se exhibían las piezas cobradas como trofeos y motivo de orgullo. Aún hoy es posible ver en casas señoriales, restaurantes, paradores de turismo... cabezas de ciervos, jabalíes, leones, toros... que fueron llevadas al taxidermista para eternizar la gloria de quienes los abatieron. Y los cazadores de caza menor llegaban a su pueblo con los conejos o perdices colgando de sus cinturones exhibiendo lo logrado, y eran reconocidos por todos. Hoy esto es impensable y no hace tantos años que así sucedía.

Otro ejemplo de España y de otros países. El de los "bebés robados". Hoy nos parece una monstruosidad, y lo es. Al margen de los casos en que a los bebés se les separaba de sus madres por la ideología política de ellas, basta recordar un hecho social. Hasta hace unas cuantas décadas, una chica que quedaba embarazada antes de casarse era muy mal vista, hasta el punto de que se la escondía como un deshonor y no faltaban padres que la echaban de casa. Muchos bebés nacidos en tal situación eran depositados en el torno de algún convento de monjas (niños expósitos) y eran las religiosas quienes los criaban en el primer momento, y en muchos casos hacían que los adoptaran matrimonios sin hijos, o, simplemente, que tenían medios para su crianza y educación. Lo mismo sucedía a niños de familias muy pobres, cuyos padres se desprendían de ellos porque no podían atenderlos. Tuve ocasión personal de conocer algún caso en que se producían acusaciones contra monjas y otras personas como involucrados en supuesto tráfico. Habrá habido de todo, pero casos que luego se han presentado como "niños robados", en la praxis de aquel momento fueron "niños salvados". Hasta personas muy de izquierdas que conocieron casos me hicieron ver que lo realizado fue, en su circunstancia, un acto de amor.

Los woke forman parte de los que se muestran incapaces de entender el contexto histórico, o no están dispuestos a hacerlo. Ello significa a menudo ser injustos con las personas y falsear la realidad.

En sentido inverso, las políticas "inclusivas" a toda costa que se están aplicando llevan a falsificar hasta lo elemental de la historia. Basta verlo en películas o series televisivas. Por ejemplo, en series que están ambientadas en la Europa de los siglos XV o XVI tienen que salir en pantalla personas de raza negra, porque esto es lo políticamente correcto. Sencillamente, en aquella época no había negros en Europa. Que no aparezcan no es marginación ni racismo, sino coincidir con la realidad. Y, a la inversa, si se hiciera otra serie sobre el África subsahariana en la misma época, no debería haber blancos.

De manera similar, en cualquier serie hay que incluir aunque sea con calzador entre los protagonistas a algún homosexual, que además suele ser un personaje positivo, otorgando una cuota y visibilidad mucho mayor de la que corresponde por el porcentaje real de tales personas en el conjunto de la sociedad.

Políticos, filósofos y empresarios se distancian de lo woke

Nuevas políticas frente a lo woke: Trump, Milei y Meloni

Una llamada a la cautela ante la política

En el contexto de las luchas sociopolíticas de los últimos años, el fenómeno woke ha sido abrazado por la mayoría de los movimientos y partidos autodenominados de izquierdas, que han querido presentarlo como un paso más en el proceso de emancipación del sujeto individual. Como dice Noelle Mering, editora de la web "Theology of Home" y autora del libro *Awake, Not woke*, "su intención última (de los woke) es equivalente a pretender fundar una nueva religión y una nueva moral -ambas auspiciadas por el Estado- sobre la base de deconstruir la religión y la moral precedentes. Al cabo de unos años resulta que lo que tenemos es una sociedad mucho más fragmentada, un Occidente debilitado, unos sistemas demoliberales trufados de corrupción, unas clases dirigentes que medran".

Hoy, lo woke impregna la política, como se ha dicho. Pero también en la política han surgido y han alcanzado el poder en los últimos años personas y partidos que incluyen el combatir lo woke como uno de los objetivos sustanciales de su proyecto transformador.

Antes de abordar este aspecto, el de los políticos decididos a combatir lo woke, merece la pena recordar algo obvio: que la acción política abarca un amplísimo abanico de ámbitos que afectan a las personas y a la sociedad, en los que se mezclan objetivos coyunturales y contingentes con otros de bases antropológicas profundas. En este libro deseamos centrarnos en estas últimas, dejando de lado los aspectos entendidos como más directamente políticos o económicos. Un caso especialmente claro es el del presidente norteamericano Donald Trump. Cuando esto se escribe se está en los primeros meses de su mandato y ya ha tomado numerosas decisiones, algunas de las cuales han provocado tormentas a nivel mundial y son muy controvertidas. Es aún pronto para una valoración global de la era Trump. Por ello, mucha cautela, prevención en los juicios. Hay luces y sombras en su actuar, en sus declaraciones, en su talante, en su imprevisibilidad. Trump es un hombre que ha mentido sin pestañear, en su vida privada ha habido aspectos nada recomendables, sus formas son prepotentes y agresivas, a menudo bufonas. De otro lado, a pesar de su explícita hostilidad a lo woke, este penetra incluso en las formas de actuar de sus más acérrimos adversarios de esta ideología. Por ejemplo, Elon Musk, que fue colaborador máximo de Trump en el inicio del mandato, promueve el incremento de la natalidad frente al invierno demográfico, pero sin importarle si es por medio de maternidad subrogada (vientres de alquiler) o fecundación in vitro. Ha caído en la trampa de la postmodernidad, desligando la natalidad de la familia natural. No se tiene en cuenta ni la importancia ni la belleza del matrimonio, ni la paternidad y maternidad vividos con amor, sacrificio y compromiso. Es un tratar a los hijos como mercancía, casi un producto mercantil (incluso se podría llegar a aquellos sistemas elección de sexo, que no tengan deficiencias y hasta color de los ojos…, es decir, elegir los atributos genéticos).

Además de señalar los déficits de Trump y los suyos, también es justo afirmar que algunas de las propuestas de los primeros meses de su segunda etapa en la Casa Blanca parecen ir por buen camino. En todo caso, en este libro se entrará solo en aquellos aspectos que afectan al tema aquí tratado, lo relacionado con lo woke.

Solo hay dos sexos

Trump tituló su discurso de toma de posesión "La revolución del sentido común". Entre otros aspectos propuso luchar contra lo woke. La simple frase que pronunció de "a partir de ahora en este país solo hay dos sexos: varón y hembra" es ya toda una revolución. Desde hacía años, ningún político de alto nivel se atrevía a decir algo tan elemental.

Otro discurso fundamental de las primeras semanas del gobierno Trump fue el del vicepresidente J.D. Vance en la Conferencia de Seguridad (del mundo occidental) de Múnich en febrero de 2025. Les dijo a los dirigentes europeos que la mayor amenaza para Europa no venía de Rusia ni de China, sino de su propia situación interna: el retroceso de sus valores más fundamentales. Citó la regresión en la libertad de expresión, la no aceptación de los resultados electorales en un país (Rumania), el recorte de la libertad religiosa (lo ejemplarizó con detenciones de personas por rezar cerca de un abortorio), o el control de las redes sociales eliminando contenidos que supuestamente no interesan, bajo la coartada de eliminar comentarios antifeministas… Hizo un repaso sin edulcorar a diversos aspectos de lo woke que impera en Europa.

Razones de la hostilidad radical

La extrema hostilidad de Trump y una parte del Partido Republicano hacia lo woke parte de una serie de razones culturales, políticas e ideológicas que han intensificado su peso en los últimos años. Entre los principales motivos de ese rechazo están los siguientes:

1. Es símbolo de corrección política extrema

- Para Trump y muchos conservadores, lo woke representa un tipo de censura cultural: un discurso que limita la libertad de expresión, impone nuevas normas morales, y busca castigar o cancelar a quienes no se alinean con su visión del mundo.

- Trump ha capitalizado esa incomodidad social diciendo cosas como: "We will never be woke" (No seremos nunca woke) o "Everything woke turns to shit" (Todo lo que despierta se convierte en una mierda).

El discurso "anti-woke" se ha convertido, por tanto, en una bandera de resistencia cultural para quienes sienten que ya no pueden decir lo que piensan sin ser atacados o silenciados.

2. Choca con valores tradicionales

- El mundo woke promueve valores como la identidad de género fluida, el lenguaje inclusivo, la relectura crítica de la historia (en su caso la estadounidense, por ejemplo, con el Proyecto 1619, referente a la esclavitud y liberación de los negros), entre otros.

- Muchos en el Partido Republicano, incluyendo cristianos evangélicos, ven lo woke como una amenaza directa a los valores judeocristianos, la familia y el patriotismo.

Para ellos, lo woke desmantela la idea de "America as we know it" (América como la conocemos).

3. Lo woke como imposición institucional

- Los conservadores acusan al movimiento woke de haber "tomado" las universidades, los medios, Hollywood, grandes empresas (lo que llaman "woke capitalism") e incluso el ejército, promoviendo ideologías progresistas desde esas plataformas.

- Trump y aliados denunciaron que tales ideas se estuvieron imponiendo desde arriba, incluso en el sistema educativo, como una forma de adoctrinamiento.

Por eso, se oponen a programas de estudios críticos de raza (Critical Race Theory) o a las políticas escolares de identidad de género.

4. Lo woke como enemigo útil en la guerra cultural

- En la política estadounidense, especialmente desde los años 80, hay una "guerra cultural" entre visiones conservadoras y progresistas del país.

- Trump ha explotado esa división con mucha eficacia. Para sus bases, luchar contra lo woke es defender la libertad, la familia, la nación y la masculinidad tradicional.

Ser "anti-woke" se convirtió, por tanto, en una identidad política: no solo una crítica, sino una postura con la que se construye sentido de pertenencia.

5. Lo woke como elitista y desconectado de la realidad

-Muchos votantes republicanos ven el discurso woke como algo elitista, propio de universidades de élite, burócratas o artistas, desconectado de la realidad de la clase trabajadora o de comunidades rurales.

- Trump se posiciona como el defensor del "common sense" frente a lo que considera un delirio ideológico. Como se ha visto, incluso su discurso de toma de posesión lo planteó como "del sentido común".

Por tanto, Trump y los suyos ven lo woke como: Una ideología radical y destructiva de la identidad nacional. Un instrumento de censura y represión cultural. Una amenaza para la familia, la fe, el patriotismo y el sentido común.

En consecuencia, no solo lo rechazan sino que lo combaten con fuerza, porque lo ven como el rostro del enemigo cultural, un sinónimo del progresismo extremo.

Aunque es profundamente antiwoke, el profesor Luca Ricolfi, autor de *Lo demencialmente correcto*, es crítico con la posición de Trump y sus seguidores. Cree que Trump aprovechó una corriente ya existente, y que sus formas de actuar pueden contribuir a resucitar lo woke. En su opinión, la crisis de lo woke "no se produjo por la victoria de Trump, que se limitó a subirse a una ola que ya se venía formando un par de años antes de que él llegara a la Casa Blanca.

La regresión de la cultura *woke* no tiene una única causa, pero un factor importante es que cada vez más gente se ha dado cuenta de que es una herramienta de autopromoción de las élites, en gran medida insensible a las demandas de las clases populares.

"También está la oposición de las feministas críticas de la ideología de género, no sólo en Estados Unidos y el Reino Unido, sino también en Italia, donde se oponen duramente a la ideología *woke*, por ejemplo, el grupo de Arcilesbica y Marina Terragni, que dirige el sitio *Feminist Post*, una mina de noticias sobre las locuras *woke*", añadió.

Ricolfi manifiesta que "en Estados Unidos, la desmovilización de las políticas DEI (Diversidad, Equidad, Inclusión) ya había comenzado en el primer semestre de 2023, es decir, casi dos años antes de la elección de Trump. Y había implicado a grandes marcas como Jack Daniel's, Harley-Davidson, Tesla, Google, Microsoft, Meta, Zoom. La realidad es que fue la economía de lo demencialmente correcto la que se vino abajo, porque los departamentos DEI cuestan mucho dinero y un exceso de propaganda política puede molestar a una parte de los consumidores".

Sobre la persistencia en el tiempo de lo que considera "locura woke", Ricolfi, afirma que dependerá de los países, "pero en general lo demencialmente correcto parece destinado a perder vigor, tanto por su carácter antipopular como por sus contradicciones internas. Por ejemplo: ¿cuándo un deseo se convierte en un derecho? ¿Qué hacer cuando un derecho contradice a otro derecho? ¿Cómo establecer la lista de minorías protegidas? ¿Cómo tratar los casos en que la protección de una minoría pone en peligro a otra?".

El sociólogo italiano teme que el trumpismo pueda ayudar a reverdecer lo woke por sustituir su locura por otra: "En cuanto al futuro, mucho dependerá de Trump y del trumpismo. Es paradójico, pero puede que sea el propio Trump quien resucite lo demencialmente correcto, ahora moribundo.

Porque la forma en que Trump está tratando de demoler lo demencialmente correcto no es un deseable retorno a lo razonable, sino un paso de una locura a la locura de signo contrario. Si va demasiado lejos, lo 'demencialmente incorrecto' de Trump podría hacernos lamentar lo demencialmente correcto".

Milei, sin ambigüedades

El presidente argentino Javier Milei, ante la élite globalista reunida en el Foro Económico Mundial de Davos expuso el 23 de enero de 2025 de manera muy abierta su crítica al wokismo, echándoles en cara a aquellos líderes mundiales que foros como aquel "han sido promotores de la agenda siniestra del wokismo, que tanto daño está haciendo a Occidente".

Definió el wokismo como "un régimen de pensamiento único sostenido por diversas organizaciones cuyo propósito es penalizar el disenso: feminismo, diversidad, inclusión, equidad, inmigración, aborto, ecologismo o ideología de género son cabezas de una misma criatura cuyo fin es justificar el avance del Estado mediante la apropiación y distorsión de las causas nobles".

"Es nuestro deber moral y responsabilidad histórica desmantelar el edificio ideológico del 'wokismo' enfermizo. Hasta que no logremos que la mayoría de países de Occidente vuelvan a abrazar las ideas de la libertad y hasta que nuestras ideas no sean la moneda común en los pasillos de eventos como este, no podremos bajar los brazos".

Calificó lo woke de "cáncer que hay que extirpar" y de "epidemia". Añadió que "esta ideología ha colonizado las instituciones más importantes del mundo. Hasta que no saquemos esta ideología aberrante de nuestra cultura, las instituciones o nuestras leyes, la civilización occidental -e incluso la especie humana- no logrará retornar a la senda del progreso".

Sobre el feminismo radical dijo que busca privilegios "poniendo a la mitad de la población en contra de la otra" y criticó que en algunos países "se condena a más años de cárcel por matar a una mujer que a un hombre, lanzando el mensaje de que la vida de la mujer vale más que la del hombre".

"El wokismo se manifiesta en el siniestro ecologismo radical", dijo también Milei. Reconoció abiertamente que hay que conservar el planeta para las futuras generaciones, pero lamentó que el wokismo pervierte esta idea elemental y "hemos pasado a un ambientalismo fanático en donde los seres humanos somos un cáncer que debe ser eliminado y el desarrollo económico es visto como un crimen contra la natualeza. Cuando uno argumenta que la Tierra ha tenido cinco cambios bruscos de temperatura y en cuatro de ellos el hombre ni siquiera existía, nos tildan de terraplanistas para desacreditar nuestras ideas".

Añadió que son los mismos "que promueven la agenda sanguinaria y asesina del aborto. Una agenda diseñada a partir de las premisas malthusianas de que la superpoblación va a destruir la tierra y, por lo tanto, debemos implementar algún mecanismo de control poblacional".

Denunció también que desde foros como el de Davos se promueva la agenda LGTBI+, queriendo imponer que las mujeres son hombres o estos son mujeres solo si así se autoperciben, "y nada dicen cuando un hombre se disfraza de mujer y mata a su rival en un ring de boxeo y cuando un preso alega ser mujer y termina violando a cuanta mujer se le cruce por delante en prisión".

Tras poner ejemplos de homosexuales que filmaban a sus hijos adoptados, denunciar que en diversos casos hay abuso infantil y que algunos de aquellos son pedófilos, denunció que "están dañando irreversiblemente a niños sanos con tratamientos hormonales y mutilaciones como si un menor de cinco años pudiera prestar su consentimiento a semejante cosa y, si ocurriera que su familia no está de acuerdo, siempre habría gente del Estado dispuestos a interceder en favor en lo que ellos llaman el interés del menor".

"Créanme que los escandalosos experimentos que hoy se realizan en nombre de esta ideología criminal serán condenados y comparados con aquellos ocurridos durante las épocas más oscuras de nuestra historia", afirmó Milei.

Meloni ve una amenaza para la sociedad

La primera ministra de Italia, Giorgia Meloni, ha sido también muy crítica con lo "woke", comparándolo en diversas ocasiones con una forma de totalitarismo cultural en la que los individuos son presionados para adherirse a determinadas creencias si desean ser aceptados, y ha criticado la idea de redefinir conceptos como el género o la historia según las tendencias de moda de movimientos progresistas.

Meloni considera lo "woke" una amenaza dirigida a socavar las bases tradicionales de la sociedad y la cultura occidental, y aboga por una política que respete las identidades y las libertades individuales sin sucumbir a las presiones de lo que ella ve como una ideología extrema.

En diversos discursos y entrevistas, la dirigente italiana ha expresado su convencimiento de que la ideología "woke" está siendo impuesta de manera autoritaria, con la intención de modificar las tradiciones y valores de las sociedades occidentales, y que la "corrección política" limita la libertad de expresión, distorsiona el concepto de identidad y genera divisiones en la sociedad. Ha afirmado repetidamente que este fenómeno está muy presente en los círculos académicos, en los medios de comunicación y en la política, y que es un obstáculo para el debate libre y abierto.

En su intervención en la Conferencia de Acción Política Conservadora (CPAC) celebrada en Washington el 22 de febrero de 2025, Meloni declaró: "Amamos nuestras naciones. Queremos fronteras seguras. Protegemos a empresas y ciudadanos de la locura de la izquierda verde. Defendemos la familia y la vida. Luchamos contra el wokismo. Protegemos nuestro sagrado derecho a la fe y a la libertad de expresión. Y estamos del lado del sentido común". Se preguntó: "¿Dejaremos que nuestra civilización se desvanezca o nos levantaremos y la defenderemos? ¿Dejaremos a nuestros hijos un mundo más débil o más fuerte? ¿Queremos que las nuevas generaciones se avergüencen de sus raíces? ¿O recuperaremos la conciencia y el orgullo de quiénes somos y se lo enseñaremos?". Añadió: "debemos decirles que nunca nos avergonzaremos de quiénes somos".

Partidos de extrema derecha

El cambio que representan Trump, Meloni y Milei es, al máximo nivel político de países importantes, el fin de la connivencia entre el liberalismo globalista (o si se quiere las derechas liberales) con el progresismo izquierdista. La ruptura puede darse en ámbitos diversos, pero, reiteramos, aquí nos centramos en lo referente a lo woke, no en otras parcelas políticas, económicas y sociales.

También han crecido partidos anti-woke en Austria, Alemania, los Países Bajos y otros, además del gobierno de Viktor Orban en Hungría.

Hay que estar atentos en cómo evolucionará. En todo caso, es sustancial resaltar que posiciones como las de aquellos y fenómenos como los iniciados no se habían producido en mucho tiempo y demuestran cierto hastío, incipiente si se quiere, ante los excesos de lo que por englobarlo de alguna forma se ha dado en llamar filosofía *woke*.

También es cierto que, a otro nivel, estas expresiones de fastidio, de rechazo de lo woke, favorecen el auge de partidos de la derecha más radical, que son capaces en muchos casos de dar la vuelta a la política woke de cancelación, pero, a la vez, ser ellos los que la practiquen con sus oponentes. Ejemplos no faltan.

En el actuar de algunos grupos de derecha coexisten aspectos claramente en línea con la Ley Natural y la cultura cristiana con propuestas y comportamientos muy distantes o incluso contrarios al cristianismo. Las tan radicales posiciones antiinmigración van por ahí.

Algunas críticas a lo woke desde la filosofía y la política

Se han expuesto críticas a lo woke desde diversas visiones políticas, en buena parte enlazadas con el actual panorama político norteamericano. Veamos las críticas desde otras ópticas de la filosofía y la política, así como, en capítulos posteriores, las realizadas desde el cristianismo, tanto católico como protestante.

Inquieta a sectores cristianos moderados

En los Estados Unidos el cristianismo, sea católico, evangélico o de otras ramas del protestantismo, es blanco habitual de los ataques de los woke. Estos aspiran a la justicia social según su visión sobre la equidad de género, los derechos LGBTQ+, la crítica al colonialismo y la eliminación de otras formas de lo que consideran opresión estructural. Chocan con las iglesias cristianas (católicas y no católicas) en temas como matrimonio y sexualidad; derechos reproductivos (aborto); papel de la mujer o relación con el colonialismo (especialmente en América y África). Pero en campos como el socioeconómico y el racismo las acusaciones woke contra los cristianos son muchas veces apriorísticas y poco fundamentadas. Basta, simplemente, analizar si (globalmente) alguien hace más que los cristianos para paliar la pobreza y atender a necesitados. U observar la mezcla racial en las comunidades cristianas, lo que muestra que allí no se practica el racismo.

Desde sectores cristianos norteamericanos moderados, considerados conservadores, sean católicos, evangélicos o de otras ramas protestantes, se siente preocupación ante lo woke y se oponen a él, pero, a diferencia de los trumpistas, no adoptan una actitud de agresividad intensa contra las personas que sostienen ideas woke, evitan la burla hacia ellos y no desean utilizar tales discrepancias como arma de división. Tampoco niegan la existencia de injusticias que deban ser corregidas. Una frase expresada por algunos es: *"No puedes combatir el fanatismo con más fanatismo."*

Polarización y relativismo moral

Algunos conservadores más institucionales (entre los que se encuentran David French, Yuval Levin o Ross Douthat) se centran mucho en el aspecto político de lo woke y argumentan que:

-Genera polarización al definir la política como una batalla entre opresores y oprimidos.
-Reemplaza el debate racional por emociones y cancelaciones.
-Destruye la posibilidad de una cultura común compartida, donde puedan coexistir distintas visiones del mundo.

Otros van más allá de lo político y rechazan el relativismo moral de lo woke, su ruptura con la tradición y la historia, su tendencia a la fragmentación social y la cancelación, así como su rechazo a valores fundamentales de la civilización occidental (verdad, responsabilidad, perdón, trascendencia, etc.). En paralelo, no se cierran al diálogo y tratan de evitar tensiones en la convivencia, por lo que proponen:

-Recuperar el diálogo racional, sin miedo, pero con respeto.
-Promover una visión positiva del bien, la verdad y la dignidad humana.
-Combatir injusticias reales sin caer en el tribalismo ideológico.

Los cristianos conservadores moderados norteamericanos, por tanto, critican lo woke, pero en un tono más respetuoso, razonado y constructivo que algunos sectores radicales, dejando abiertas vías de diálogo.

Valoración desde la filosofía y la religión

Sectores intelectuales no radicales que incluyen académicos, líderes religiosos o filósofos critican también lo woke desde una postura más matizada y menos incendiaria que determinados núcleos políticos.

Filósofos considerados conservadores como Roger Scruton o Patrick Deneen, y también pensadores liberales clásicos como Jordan Peterson, cuestionan lo woke desde su raíz filosófica:

-Afirman que lo woke parte de un relativismo radical: si todo es subjetivo (identidad, verdad, moral), entonces no hay bases comunes para la sociedad.
-Lo ven como una ideología postmoderna que niega la existencia de verdades objetivas, lo cual consideran peligroso para el orden social y el pensamiento crítico.

Roger Scruton ha escrito que *"una cultura que niega su herencia no puede transmitir ni siquiera una razón para vivir."*

Por su lado, desde el conservadurismo tradicional (más en la línea de Edmund Burke o Russell Kirk) defienden el valor de la tradición como sabiduría acumulada, el respeto a la historia y a las instituciones, y una visión del ser humano con límites y responsabilidad. Desde ahí critican que lo woke:

-Desprecia el pasado (al considerar toda la historia como racista o patriarcal).
-Rompe con la idea de continuidad histórica.
-Genera una cultura de confrontación permanente.

Resumen su planteamiento en que *"no se puede construir una sociedad sobre el resentimiento y la sospecha continua."*

¿Está ya en retroceso el fenómeno woke?

Además de las reflexiones críticas de diversos pensadores y la posición de políticos decididos a combatir lo woke, vale la pena analizar si tal fenómeno está en retroceso, estancado o continúa avanzando.

Es constatable que algo ha cambiado en el mundo en los últimos años y en 2025 se detecta un retroceso de diversos aspectos del wokismo respecto a solo un par de años atrás. Pero también es cierto que tal regresión solo es perceptible en algunos ámbitos o países, mientras en otros no solo no está en repliegue, sino que mantiene un crecimiento. En el horizonte global se vislumbra su regresión, pero no es algo de lo que pueda preverse un hundimiento súbito, y ni siquiera desaparición a medio plazo. Basta darse cuenta como un aspecto de lo woke, lo LGTBI+, está muy activo y, a título de ejemplo, pudo movilizar en junio de 2025 a una gran multitud en la marcha del Orgullo en Budapest, contra el gobierno de Viktor Orban, que la había prohibido. No fue algo local, o limitado a Hungría, sino movilización europea, con participación de cargos importantes del Parlamento Europeo y ministros y políticos de muchos países.

Hay que situar por dónde puede venir el cambio. Como se ha reiterado, el término "woke" originalmente hacía referencia a la conciencia y atención hacia las injusticias sociales, especialmente en temas de raza y desigualdad, lo que suscitaba simpatía incluso entre bastantes sectores nada izquierdistas. Sin embargo, ha evolucionado en los últimos años asumiendo posturas consideradas por muchos excesivamente progresistas o políticamente correctas. Ante tal cambio, hasta algún personaje considerado progresista empieza a darse cuenta de que se fue demasiado lejos, y desde el ámbito empresarial -que ha estado sometido a la dictadura de lo woke durante años y le ha comportado altos costos económicos- se está procediendo a una reevaluación o ajuste.

Empresas retiran su financiación

Se ha hecho referencia a políticos, especialmente Trump, Meloni y Milei, pero el cambio en este sentido también ha llegado a ámbitos económicos y sociales. Algunas grandes corporaciones reconsideran sus políticas asociadas al movimiento woke y han comenzado a distanciarse de mensajes prodiversidad y políticas de inclusión que formaban parte de su praxis desde hacía algunos años. Cuando esto se escribe (primavera-verano de 2025), unas cuantas grandes empresas han dado un vuelco a su política y actitudes asociadas de apoyo a lo woke. Debe tenerse claro que tal viraje no siempre deriva de principios ideológicos, de darse cuenta de lo negativo de sus planteamientos, sino de interés comercial, a la vista de que mucha gente percibe saturación de lo woke y bastantes personas rechazan a las empresas que van en aquella línea, lo cual repercute en la cuenta de resultados. Por tanto, aunque algunas empresas siguen apoyando causas sociales calificadas de progresistas, otras han optado por centrarse más en los aspectos comerciales, en su rentabilidad o en evitar controversias relacionadas con posturas ideológicas.

En el cambio de tendencia también han influido otros aspectos. De un lado la reelección de Trump como presidente y el recorte del apoyo público a los lobbies LGTBI+ y abortista, pero también a conocerse numerosos escándalos, la toma de conciencia de familias del adoctrinamiento gay a que se somete a sus hijos, y que se vayan conociendo la abundancia de vidas rotas en el lobby gay, especialmente el transgénero.

He ahí algunas empresas que han modificado sus políticas al respecto (hasta la primavera de 2025):

Los directivos de Disney, gran imperio del entretenimiento con especial influencia en el mundo familiar e infantil, tras los tropezones económicos de algunas de sus últimas producciones, decidieron centrarse de nuevo en el entretenimiento dejando de lado la ideología. Su caso es especialmente significativo tanto por su presencia pública como por el viraje realizado, ya que fue una de las grandes compañías asociadas con la agenda progresista en los últimos años. El cambio ha estado relacionado con la sustitución de directivos. En 2022, el CEO Bob Chapek criticó la ley de "no decir gay" de Florida, lo que llevó a la compañía a enfrentarse a controversias políticas. Sin embargo, bajo la dirección de Bob Iger, quien regresó como CEO en 2022, la compañía ha intentado equilibrar su posicionamiento en temas políticos y sociales, si bien enfrenta críticas de ambos lados del espectro político.

Netflix, otro de los grandes del entretenimiento, no ha renunciado completamente a sus posturas "progres", pero ha adoptado un enfoque más pragmático. En respuesta a la caída de suscriptores en América y a la crítica hacia su contenido, la plataforma ha ajustado su estrategia y se ha mostrado más cautelosa en ciertos temas, enfocándose más en la calidad y diversidad de su oferta sin comprometerse con posturas ideológicas que podrían perjudicar su rentabilidad. En algunas series, como la Netflix Zero Day no hay matraca de gays, ni desnudos que inundan el cine…

Empresas como Walmart y Lowe's han revertido sus políticas de diversidad, equidad e inclusión (DEI) debido a amenazas de daños a su reputación y a desafíos legales.

La marca de cerveza Bud Light (de la empresa Anheuser Busch) se vio envuelta en una controversia en 2023 cuando colaboró con la activista transgénero Dylan Mulvaney para una campaña publicitaria. La respuesta de algunos consumidores fue negativa, lo que abocó a un boicot. En respuesta, la empresa adoptó una postura más neutral en cuanto a sus mensajes y trató de alejarse de las controversias políticas para centrarse en sus valores de marca tradicionales.

La cadena de tiendas Target fue objeto de críticas tanto de la izquierda como de la derecha por sus políticas inclusivas y de diversidad. En 2023, después de varias controversias relacionadas con productos de temática LGTBI+ y las políticas de género, la empresa optó por reducir la visibilidad de algunos de esos productos para evitar perder clientes.

La automovilística estadounidense Ford ajustó sus políticas hacia una postura más centrada en los negocios y menos en cuestiones ideológicas. Aunque aún apoya la diversidad e inclusión, en los últimos años ha evolucionado para evitar involucrarse en debates sociales o políticos que podrían alienar a una parte de sus consumidores.

De otro lado, en 2025 diversas empresas dejaron de financiar el *pride*, el día del Orgullo Gay, del que se celebran grandes y numerosos eventos en muchas ciudades del mundo. En varias ciudades tuvo que cancelarse al reducirse los fondos. En San Francisco, uno de los más importante, dejaron de apoyarlo Anheuser Busch, Diageo, Nissan o Comcast.

Según una encuesta de la compañía Gravity Research a 200 ejecutivos de empresa realizada a finales del primer trimestre de 2025 y de la que se hicieron eco diversos medios norteamericanos, un 39 por ciento de aquellos habían decidido reducir sus gastos en marketing relacionado con el Orgullo 2025 o patrocinando eventos relacionados con él, publicar mensajes de apoyo a los LGTBI+ o vender productos con temática del Orgullo. Ya en 2024 algunas (el 9 por ciento según la encuesta) habían empezado a reducir tal partida, pero en 2025 la caída era mucho mayor. Otra encuesta de 2025 de Fortune 1000 -el millar de empresas de mayor facturación- indicaba también que muchas empresas están reduciendo drásticamente su apoyo al mes del Orgullo.

La revista Forbes publicó un listado de empresas que dejaban de apoyar el Orgullo, entre ellas Amtrak, Anheuser Busch, Benefit Cosmetics, Boeing, Booz Allen Hamilton, Citi, Comcast/Xfinity, Deloitte, Diageo, Garnier, Golden Sachs, Lowe's, Mastercard, Meta, Nissan, Pepsi, PricewaterhouseCoopers, Skyy Vodka, Target, Visa o Walmart.

Informaciones de la prensa norteamericana señalaban también que Macy's, Nordstrorm, Gap, Target o Kohl's habían desmantelado sus exhibiciones de temáticas gay de los escaparates o las sustituyeron por decoraciones patrióticas.

Estas empresas son ejemplos de cómo las posturas relacionadas con lo woke pueden verse desafiadas o ajustadas por presiones tanto del público como de sus accionistas.

Las decisiones al respecto varían dependiendo de la empresa, y no faltan las que continúan abogando por "la diversidad, la inclusión y el activismo social" -así es su terminología- como una parte integral de su marca. En todo caso, parece clara la tendencia a disminuir el exhibicionismo ideológico. Lo que hasta hace poco parecía obligatorio, como camisetas con lemas de género, logotipos teñidos de colores arcoíris, comunicados atrayendo a los consumidores... comienzan a disminuir o incluso desaparecer de escaparates y plataformas digitales.

Sin duda la llegada al poder de Donald Trump ha influido, pero cada vez son más numerosas las personas que comienzan a rechazar el adoctrinamiento, la hipersexualización de los menores y la imposición de una visión antropológica radicalmente incompatible con la razón natural. Y también fatiga el exhibicionismo que lo ha acompañado.

Además de los Estados Unidos, donde la reacción de rechazo ante lo woke es muy evidente y suele ser lo que marca tendencia a nivel mundial, también en otros países, entre ellos el Reino Unido, en 2025 se cancelaron docenas de fiestas del orgullo gay. Muchos patrocinadores habituales han caído y no quieren saber más de ello, aparte de que los recortes del Trump a la ayuda exterior han afectado a muchas ONGs británicas, cuyos vínculos con el gobierno de Starmer han desaparecido.

También Silicon Valley da marcha atrás

También en Silicon Valley, a la vez cuna y gran núcleo de las más modernas innovaciones tecnológicas y una de las mecas del progresismo ideológico, algunos están dando marcha atrás en lo woke, palpándose el ascenso en reclamar políticas MEI (Mérito, Excelencia, Inteligencia) como antídoto a las wokistas DEI (Diversidad, Equidad, Inclusión) que han primado en las últimas décadas. La vuelta a la meritocracia y a la exigencia del esfuerzo personal choca en parte con lo woke.

Pero la erosión de lo woke en Silicon Valley llega también por otras vías, en especial por el retorno de muchos empresarios o científicos al cristianismo. Se está produciendo un despertar en la fe, que en aquellos foros había quedado tan descartada que no faltó más de un comentario en el sentido de que el cristianismo era allí "casi ilegal".

La tendencia de los últimos dos o tres años, que el tiempo hará ver si se consolida, es de una creciente influencia del cristianismo en Silicon Valley, aunque bastantes lo entiendan más como un cristianismo cultural que como aceptación de la fe en sentido estricto. Merece la pena recordar que el propio Elon Musk se ha reconocido como "probable cristiano cultural".

En la revista *Vanity Fair*, Zoe Barnard publicaba un reportaje en el que explicaba que tanto grandes fortunas como pequeños inversores ahora exhiben con orgullo y como muestra de identidad el tener fe, cuando hasta hace poco la rechazaban o se avergonzaban de hacer público que la tenían.

Entre las personalidades de Silicon Valley que en los últimos tiempos se manifiestan claramente cristianas, sean católicas o no, está Peter Thiel, cofundador de Paypal, Palentir o Founders Fund. En todo caso, justo es decir que algunas afirmaciones y forma de vida de Thiel son más que discutibles desde una óptica cristiana. También el director ejecutivo de Palantir, Alex Karp, califica lo woke de "riesgo mundial". Una de sus frases es: "Creo que el principal riesgo para Palantir, Estados Unidos y el mundo es una forma de pensar regresiva que corrompe y corroe nuestras instituciones, que se autodenomina 'progresista', pero que en realidad es una forma de religión pagana superficial".

El radical volantazo dado por algunas marcas y por diversos directivos debe ser observado con cautela, porque, como se ha dicho, no siempre es resultado de un cambio de principios o de mentalidad, de darse cuenta que lo que pensaron o hicieron hasta ahora era una aberración y desean reparar el estropicio. Algunos pueden haber adoptado tales estrategias por motivos puramente comerciales, sea para capitalizar el descontento hacia el movimiento woke o para evitar controversias. Pero es también cierto que, por estos mismos motivos comerciales, pero en sentido inverso, adoptaron lo woke años atrás. La cuenta de resultados cuenta mucho para muchos. Algunos también pueden adoptar una postura anti-woke o acercarse al cristianismo por intereses materiales de otro tipo o por mera moda, como podría suceder con la espiritualidad new age, con un cristianismo "a la carta" o un sincretismo religioso un tanto difuso.

En este combate tampoco faltan algunos católicos abiertamente militantes, con espíritu apostólico, como Luke Burgis, empresario impulsor de diversas iniciativas como ActivPrayer, dedicada a promover que los deportes y el fitness sirvan a la persona humana con visión integral, o Inscape que ayuda a los jóvenes a descubrir y vivir su vocación espiritual. Burgis abandonó hace unos años Silicon Valley por la vaciedad espiritual que allí veía.

Otro militante es Sondre Rasch, fundador de la tecnológica Safety Wing, que, criado en un entorno luterano, se convirtió al catolicismo en 2019 y ha manifestado que los emprendedores católicos tienen ventaja, no porque la fe garantice el éxito en el mundo sino porque proporciona un marco adecuado para tomar decisiones sensatas, éticas e íntegras, lo cual genera una confianza de valor incalculable en los negocios.

Hasta empieza en la ONU

El concepto "género" se incorporó hace décadas a las políticas de la ONU, sobre todo a partir de la Conferencia sobre la Mujer (Pekín, 1995). Desde esta institución internacional, la ideología de género es promovida activamente en todo el mundo, pero también aquí empiezan a aparecer las primeras grietas y voces discordantes.

La más significativa por el momento es la de Reem Alsalem, relatora Especial de las Naciones Unidas sobre la Violencia contra las Mujeres y las Niñas. Alsalem es jordana, fue consultora independiente sobre cuestiones de género, derechos de los refugiados y los migrantes, y desde 2021 es Relatora Especial de la ONU sobre violencia contra las mujeres. En la presentación de un informe sobre la violencia contra las mujeres en la 59ª sesión del Consejo de Derechos Humanos de la ONU, en 2025, manifestó: "Nunca imaginé que llegaría el día en que consideraría necesario preparar un informe afirmando que las palabras 'mujeres' y 'niñas' se refieren a categorías biológicas y jurídicas distintas". Alsalem instó a los gobiernos a definir el género con base al sexo biológico y pidió dejar de usar el lenguaje neutro para referirse a las personas. En su informe incluso afirma que la ideología de género viola el derecho internacional y perjudica a las mujeres y las niñas, y denuncia a los gobiernos por intentar eliminar las referencias a "madres", "mujeres" y "niñas" en políticas y programas.

No faltaron quienes intentaron desacreditar a Alsalem, incluso desde gobiernos y agencias.

Podrá parecer algo puntual, pero que un alto cargo de la ONU se pronunciara de esta forma no ocurría desde hacía décadas.

En España está aún muy presente

Aunque la tendencia al retroceso de lo woke parece clara, tampoco hay que dejarse llevar por un excesivo optimismo. En algunos lugares está aún en alza.

Basta observar España, el peso que se otorga a la fiesta del Orgullo en Madrid, o los intentos esperpénticos del alcalde de Barcelona para que esta ciudad sea capital mundial del Dia del Orgullo Gay. O la publicidad institucional pro gay de los gobiernos de España y de los de diversas Comunidades Autónomas.

Dejamos claro que no se trata de poner en entredicho el legítimo respeto a las personas homosexuales, transexuales o no binarias, que debe darse por supuesto, sino de la promoción de los supuestos derechos del colectivo de homosexuales y transexuales convirtiendo el espacio público y la agenda institucional en plataforma ideológica al servicio de la nueva liturgia supuestamente progresista, y habiendo hecho de la visibilidad y del exhibicionismo sexual una prioridad política.

Se impone una estética y una narrativa que glorifica lo sexual como centro de lo que es público. Basta observar las carrozas hipersexualizadas, bailes eróticos en plena vía pública, estética sadomasoquista, mensajes explícitos incluido ante menores, confusión de la libertad con el espectáculo...

La promoción institucional de este tipo de acontecimientos no es inocente ni neutra. Implica unas políticas públicas que incluyen subvenciones, contenidos escolares ideologizados que son presentados como muestra de diversidad y que en realidad son promoción e imposición LGTBI+, y la creación de observatorios, entidades y "espacios seguros" que funcionan como órganos de control cultural. Hablan de inclusión y generan exclusión, ya que aquel que no comparta tales posiciones, o simplemente crea que la vida sexual debe volver al ámbito privado y no debe exhibirse, es tratado de retrógrado y de homófobo.

Durará décadas

En el conjunto del mundo occidental, que es donde el fenómeno woke se ha enseñoreado, hay suficiente base para percibir un retroceso, pero sigue muy lejos de poder pensarse que llega a su fin. Probablemente tiene aún décadas de vida por delante.

Baste observar, en primer lugar, que el descenso no es uniforme en todas las regiones del mundo ni en todos los sectores. Mientras en algunas áreas se evidencia una disminución de su influencia, en otras mantiene toda su fuerza y en algunos países está aún en crecimiento. Muchas personas, aunque no hagan uso de tal denominación, lo consideran básico en la promoción de la conciencia social y en la lucha contra las injusticias. Por lo tanto, más que un retroceso global, podría interpretarse como una fase de transformación, una adaptación a nuevas realidades y una respuesta a las críticas emergentes.

Para entender que es impensable una desaparición rápida de lo woke basta recordar que se ha convertido en ideología de Estado en muchos países y que una gran parte de los partidos y movimientos de izquierda han asumido sus nuevas causas, aunque sea a costa de haber abandonado a la clase trabajadora. No todos estos partidos van a ser desalojados del poder en fecha próxima ni en muchos de ellos puede preverse un cambio radical en sus objetivos. De otro lado, con sus vertientes de feminismo, ideología de género, cancelación del adversario, ecologismo radical, indigenismos, reivindicación de condena de agravios históricos, etc., los woke están muy incrustados en la médula de la sociedad occidental, dominan amplios sectores y han cambiado la mentalidad de una buena parte de la población. Como detalle, su aceptación es mayor entre las mujeres que entre los varones.

Los woke, por tanto, seguirán durante mucho tiempo estigmatizando a cuantos critican su ideología. Y lo harán en todas las vertientes. Así, a título de ejemplos. A quien tenga la osadía de decir que solo hay dos sexos, masculino y femenino, se le seguirá marcando y pretenderán presentarle como un extremista. A Milei, que lo dijo, las feministas argentinas en manifestaciones gritaban: "solo hay dos géneros, fascista y antifascista". O de alguien que se muestre contrario a que los homosexuales adopten niños no se calificará de discrepante o adversario que tiene una opinión distinta acerca del bien de los pequeños, sino que es un "homófobo" y un "fascista".

Tampoco cambiarán de la noche a la mañana los miles de periodistas que promueven estas causas, incluso aunque algunas de sus empresas mediáticas den marcha atrás en su línea de los últimos años. Ni de golpe desaparecerán grupos como GLAAD (Gay and Lesbian Alliance Against Defamation), la inquisición que exige cuotas gay en todos los films en Hollywood, ni otros núcleos similares más o menos organizados que están presentes en cadenas televisivas, productores de contenidos, etc.

De otro lado, a la vista de que las reacciones en contra de lo woke se han disparado, muchos de sus

militantes se han movilizado y presentan batalla. Uno de
los espacios concretos actuales (2025) son los ataques a
Trump. En las críticas a éste se mezclan aspectos políticos y económicos con otros de vertiente más ideológica, como lo relacionado con lo woke.

Visiones discordantes del ser humano

Woke y cristianismo, ¿por qué son tan divergentes?

De la introducción y las explicaciones anteriores se deduce que luchar contra la cultura woke constituye hoy un elemento fundamental para aquellos que creen en los valores cristianos, y mucho más para quienes con espíritu apostólico desean acercar a las personas a Dios, quieren que la semilla de Cristo esté en sus corazones y en sus mentes, que el amor cristiano reine en la sociedad, que se haga realidad el Reino de Dios e, incluso, que el orden social esté en línea con la Doctrina Social de la Iglesia.

Pero, desde una perspectiva cristiana, ¿Por qué combatir la cultura woke?

Woke y cristianismo son tan divergentes porque parten de fundamentos antropológicos y teológicos opuestos, o, como mínimo, muy distintos. Donde el cristianismo ve un orden objetivo querido por Dios, el pensamiento woke ve construcciones sociales que deben ser deconstruidas. Uno busca redención y unidad en Dios; el otro, justicia social mediante el activismo y el cambio estructural.

Aunque en ciertos puntos puede haber coincidencias (como en la preocupación por los marginados), el pensamiento woke y el cristianismo divergen en muchos aspectos clave, tanto a nivel filosófico, como moral y antropológico.

Vamos a desglosarlo en diversas vertientes. Manifestamos sin ocultar que las respuestas que siguen las ha dado la Inteligencia Artificial, a las que solo hemos introducido algunas matizaciones:

1. Visión del ser humano (antropología)
- Cristianismo: El ser humano es creado a imagen y semejanza de Dios, con una naturaleza objetiva, determinada por Dios (hombre o mujer, por ejemplo), con una dignidad intrínseca.
- Woke: La identidad (género, orientación sexual, etc.) es una construcción social y subjetiva. Se promueve la autodeterminación radical del yo, incluso en contra de la biología o la tradición.

Esto genera una tensión: el cristianismo sostiene verdades objetivas sobre la persona, mientras que la visión woke promueve la flexibilidad y el relativismo.

2. Fundamento moral
- Cristianismo: Tiene una moral basada en la ley natural y la revelación divina (la Biblia, la Tradición). Los valores no cambian según la cultura o el momento.
- Woke: La moral es más fluida, basada en las emociones, el contexto sociopolítico y las narrativas de opresión. Lo moral se redefine constantemente en función de nuevas "justicias sociales".

Ejemplo: lo que según la moral cristiana es considerado un comportamiento desordenado, hoy puede ser celebrado como identidad válida y protegida por el discurso woke. Y mañana verse de otra manera.

3.Visión del pecado y la redención

- Cristianismo: El pecado es universal, todos los cometemos, y la redención se ofrece a todos por medio de Cristo.
- Woke: El "pecado" se ve más como un privilegio estructural (especialmente varón, blanco, heterosexual, occidental, etc.). Algunos son "opresores" casi por naturaleza, y otros son "víctimas" por sistema.

Aquí hay una diferencia profunda: para el cristianismo, todos necesitan perdón; en lo woke, a veces se niega el perdón a quienes supuestamente pertenecen a clases privilegiadas, sin importar su conducta individual.

4. Relación con la verdad
- Cristianismo: Cree en una verdad absoluta, revelada por Dios.
- Woke: La verdad es subjetiva, relativa a cada grupo oprimido ("tu verdad", "mi verdad"). El testimonio personal o la experiencia tiene más peso que la razón o la evidencia.

5. Autoridad y tradición
- Cristianismo: Valora la tradición, la autoridad de la Iglesia y el pasado como fuentes de sabiduría.
- Woke: Tiende a rechazar la tradición como opresiva y patriarcal. Reescribe la historia desde una perspectiva crítica y muchas veces confrontacional.

6. Unidad frente a fragmentación
- Cristianismo: Busca la unidad universal en Cristo, superando diferencias de raza, sexo, clase ("ya no hay judío ni griego...", Gálatas 3.28).
- Woke: Enfatiza las diferencias y las identidades de grupo, muchas veces segmentando la sociedad entre víctimas y opresores.

El perdón como pieza sustancial

Vamos a profundizar en un aspecto diferencial especialmente importante, el del perdón.

Para el cristiano es fundamental perdonar a los demás, pero también perdonarse a sí mismo. Tener conciencia de la propia debilidad y mirar las debilidades ajenas con, al menos, tanta comprensión como lo hacemos con las nuestras, y sabiendo que las personas pueden cambiar. Los woke destrozan a las personas por lo realizado en el pasado y las someten a linchamiento, sin tener en cuenta que, aparte de que quizás ni siquiera había culpa, si la hubo también ha podido haber arrepentimiento, haber renegado del pasado y haber pedido perdón a quien correspondiera.

En los últimos años se tienen los ejemplos de médicos y enfermeras abortistas que han hecho un cambio radical y son provida. Yendo al Nuevo Testamento, el caso de Marcos que narran los *Hechos de los Apóstoles* 13, es especialmente ilustrativo. Se explica que el Espíritu Santo proclamó que separaran a Pablo y Bernabé para la tarea que les tenía asignada. Fueron a Chipre y Asia Menor, evangelizaron y sufrieron mucho por el Señor, pero tuvieron sus diferencias y finalmente se separaron por motivo de Marcos, que les abandonó a mitad del viaje. Pablo no le aceptaba en el siguiente viaje, pero Bernabé supo confiar en él y lo llevó consigo. Años más tarde, Marcos llegaría a ser el evangelista y, en Roma, un gran colaborador de Pedro y del propio Pablo.

Vale la pena aprender a no catalogar a la gente para siempre, porque "las almas, como el buen vino, se mejoran con el tiempo", como decía San Josemaría, cuando se las sostiene con la confianza y se las quiere, ya que, manifestaba San Agustín, "nadie puede ser conocido sino cuando se le ama".

El cristiano sabe, además, que Dios actúa a través de las personas, con sus debilidades, sus fallos y hasta sus desastres. Empezó con los mismos apóstoles elegidos por Cristo, que en su mayoría eran unos pobres hombres, y siguió a lo largo de la historia. Ha habido hasta Papas desastrosos y corruptos, fundadores de instituciones cristianas depravados, obispos y sacerdotes infieles y, sin embargo, ha ido adelante. La Iglesia se basa a la vez en la fuerza de Dios y en la debilidad humana. Seguramente porque Dios quiere que se vea que es Él quien actúa.

En lo woke, y en otras ideologías, hay una obsesión por liberarse. La palabra "emancipación" está muy en el centro. Puede parecer bueno, pero sus consecuencias son en muchos casos espejismos que llevan al desastre.

Sumas y restas woke-cristianismo

Lo woke ha roto con la ética cristiana en muy diversos estadios: el feminismo de género, las leyes trans, el aborto elevado a derecho y hasta apoyado con sanciones a quien rece en la calle o lo critique, la homosexualidad convertida en activismo político y en imposición educativa, las reivindicaciones por injusticias racistas transformadas en venganza, la defensa del medio ambiente sustituido por un endiosamiento de la naturaleza incluso contra el ser humano... con formas de actuar o de cancelar que llevan a que desaparezcan o se limiten derechos de primer nivel tales como la libertad de expresión, el derecho de manifestación o la presunción de inocencia.

Es interesante tratar de objetivar, dentro de lo posible, si es mejor una sociedad en la que imperen principios cristianos o planteamientos woke, cuales de unos y otros reconocen en mayor grado la dignidad de la persona, con cuales se establecen mejores bases para que los ciudadanos puedan ser más felices. Simplemente, sumas y restas sobre muchos asuntos, y comparar.

Cierto que no resulta fácil una cuantificación, porque, como se ha dicho, es mucho lo intangible, pero existen evidencias bastante constatables, algunas de las cuales se han dicho ya a lo largo del texto.

He ahí una serie de campos sobre los que el propio lector puede reflexionar y sacar conclusiones.

Familia

Convivencia

Capacidad de discernir el bien y el mal

Libertades democráticas

Natalidad

Combatir la pobreza

Fortalecimiento de la democracia

Religiosidad o espiritualidad

Perdón y reconciliación

Estabilidad social

Confianza entre las personas

Presunción de inocencia

Ecología

Racismo

Xenofobia

Justicia social

Desarrollo económico

Educación

Sexualidad sana

Mujer

Igualdad hombre-mujer

Crecimiento en las virtudes

Sentido del Bien Común

...

Cada uno de estos puntos podría ser objeto de amplio debate. Nos limitamos aquí a enunciarlo. En todo caso, consideramos que es inmensamente superior la aplicación de los principios cristianos en todos los campos, aun reconociendo que en algunos ámbitos los woke han hecho aportaciones positivas y puede haber puntos de coincidencia.

En algunos campos, el desencuentro es total. Por ejemplo, en relación a la crisis moral existente. Esta no es causada solo por el fenómeno woke, ya que son muchos los elementos que han contribuido a que se produzca y es consecuencia de la profunda desorientación en el ámbito de las virtudes, los criterios éticos y las pautas de conducta colectiva. Empezando por no distinguir el bien del mal, con incapacidad de discernimiento ético.

Desde lo woke tampoco se tiene en cuenta la idea de bien común, tan fundamental en la doctrina social cristiana.

Algunos pensadores católicos ante lo woke

Diversos pensadores coinciden en que la ideología woke representa un desafío para los valores cristianos y en que promueve una visión del mundo que es incompatible con la fe y la moral católicas, aunque en muchos casos no se presente de entrada como anticristiana.

Noelle Mering, escritora, miembro del Centro de Políticas Públicas y Ética, editora de la web Theology of home, autora de "Awake, Not Woke", y "El Dogma woke"

Noelle Mering considera que la doctrina woke erosiona los fundamentos de la civilización cristiana y la misma fe, así como sus componentes básicos, como la familia, la presencia de las virtudes cristianas en la sociedad y, especialmente, la persona, la razón y la autoridad, a las que se imponen, respectivamente, los que califica de los tres dogmas woke: colectivo, voluntad y poder.

Mering llama a combatir esta "ideología de ruptura con vectores de opresión", especialmente en lo referente a la raza, el género y la sexualidad, y expresa su convencimiento de que esta contienda contra lo woke es espiritual y religiosa.

Afirma también que aunque la ideología woke "se presenta como una lucha benévola por la justicia", en realidad "está lejos de serlo y se ha ido filtrando como un veneno en personas desprevenidas", que no son conscientes de cómo esta doctrina "corrompe el cristianismo al convertirlo en una religión sin justicia, sin misericordia y sin Cristo". Por ello, advierte: ante lo woke, los cristianos "nos lo estamos jugando todo".

Llega a afirmar que el movimiento woke es "una secta que va directa a colisionar contra el cristianismo" porque rechaza "las tres características del Logos (Dios), la razón, la persona y la autoridad", y no duda en hacer un paralelismo de los orígenes de lo woke a "una serpiente embaucando a la primera mujer con las palabras 'seréis como dioses'", en el sentido de lograr la absoluta autodeterminación del ser humano respecto a Dios.

Mering expone que la concepción cristiana del hombre es la de un ser "hecho a imagen y semejanza de Dios, con un intelecto dirigido a la verdad y una voluntad orientada hacia el bien". Para lo woke, en cambio, esta comprensión de la persona no debe ser en base "a la cercanía con la bondad de Dios, sino en la cercanía a la maldad de la sociedad", definiéndose cada persona a partir de los criterios de opresor y oprimido.

Lo ejemplariza así: si la opresión está en el meollo de la feminidad, como dicen los woke, la perfección de la mujer consiste en luchar contra su opresión y la conquista del poder. Una mujer que no sea feminista, está negando algo central a su condición de mujer.

Mering también expone como uno de los

propósitos más destructivos de esta doctrina el rechazo de la ley natural: "Una vez que se rechaza la ley natural, se puede justificar cualquier actuación mal encaminada si puede alegarse que es en aras de un buen fin", explica. Una secuencia "rebosante de riesgos", añade, que niega "la realidad de un mal intrínseco, socava nuestro sistema moral" y podría llevar a repetir de nuevo "las peores atrocidades que el mundo ha conocido".

Considera que tal doctrina pervierte el significado de la autenticidad, que para lo woke consiste en que la persona se amolde a sus apetencias y deseos, algo muy distinto a la visión cristiana, por la que una persona se vuelve auténticamente ella misma "luchando contra el pecado y amoldando nuestra mente y vida a Dios. Nuestra autenticidad está ligada a su autoridad", por lo que al crecer asimilándonos a Él, "nos volvemos más auténticamente nosotros mismos".

Mering observa cómo "los woke se proclaman a sí mismos no solo como un desafío a la ley moral, sino como víctimas de ella", y, en su perversión del cristianismo, "ensalzan y glorifican no a la única víctima verdadera por cuya sangre se nos hace inocentes, sino a los dioses de la turba woke, por cuya victimización se nos hace culpables".

En relación a otros aspectos por los cuales la cultura woke no es asumible por el cristiano, responde: "Un aspecto fundamental de los principios y la vida cristiana es el perdón. La respuesta del cristiano al pecado y a la injusticia es el perdón y la reconciliación. Incluso perdón a los enemigos".

"Entre los woke existe una demanda extrema de justicia

distributiva y reparación histórica, de forma especial en temas como los relacionados con la esclavitud, el colonialismo, el racismo y los derechos de las minorías, ante lo cual abundan las reivindicaciones y la exigencia de reparaciones. Pero luego lo han ampliado a la cancelación de la vida social y económica de quienes consideran que en algún momento cometieron algo que se considera un abuso. Ahí el movimiento Me Too, la desaparición de la presunción de inocencia, la inversión de la carga de la prueba, y por supuesto, descartado todo perdón y reconciliación. Lo woke promueve castigar en el presente, y el castigo debe ser total, tangible y para siempre. Esto es incompatible con el perdón cristiano. A éste, además, lo descalifican como una minimización del daño histórico o considerándolo una forma de eludir la responsabilidad".

Rod Dreher. Escritor y pensador, autor de "La opción benedictina" y "Vivir sin mentiras"

El pensador norteamericano Rod Dreher (desde hace unos años no es católico sino ortodoxo, aunque a efectos de lo ahí tratado no varía) aborda en los libros citados la cultura woke y considera que funciona como una "falsa religión" que impone una visión totalitaria de la sociedad, donde la disidencia es vista como una amenaza. Advierte que esta ideología promueve una moralidad rígida y excluyente, similar a la de los regímenes totalitarios del pasado, pero lo ha descrito como una forma de totalitarismo suave que busca imponer una visión del mundo a través de la manipulación psicológica y la coerción social, más que mediante la violencia abierta, y considera que esta ideología se infiltra en las instituciones y presiona a los individuos a conformarse con sus normas, creando un ambiente de autocensura y conformismo.

Para Dreher, los cristianos deben resistir esta

corriente manteniéndose fieles a Jesucristo y buscando una "recristianización" del mundo. En *La opción benedictina* propone que los cristianos construyan comunidades intencionales que vivan según sus valores tradicionales, como respuesta a una cultura que considera hostil hacia la fe. Sugiere que, al igual que San Benito de Nursia fundó monasterios para preservar la fe en tiempos de crisis, los cristianos deben crear espacios que fomenten la vida espiritual y la resistencia cultural.

Entiende que la ideología "woke" amenaza la libertad religiosa al exigir que las personas acepten y promuevan creencias que pueden contradecir sus convicciones más profundas, a la vez que advierte que aquellos que se oponen a estas creencias pueden ser marginados o perseguidos, lo que pone en peligro el pluralismo y la libertad de conciencia.

Miguel Ángel Quintana Paz, filósofo y profesor universitario

El filósofo y profesor universitario Miguel Ángel Quintana Paz ha afirmado que el pensamiento "woke" se apropia de ideales cristianos como la justicia y la reconciliación, pero los despoja de su dimensión espiritual y trascendental, incluso haciendo desaparecer a Dios. Entiende, además, que esta ideología elimina la posibilidad de una verdadera reconciliación al centrarse únicamente en categorías sociales y políticas.

El filósofo considera que la ideología woke "desfigura la tradición judeocristiana: por ejemplo, se apropia de la importancia que se da al sufriente, a la víctima, y la modifica hasta el punto de convertirnos en una cultura del victimismo, que es una deformación del aprecio por la víctima. Otro ejemplo; la ideología *woke* modifica la solidaridad, hasta el punto de que la solidaridad sea fundamentalmente con determinados grupos identitarios: ciertos colectivos de mujeres, ciertas nacionalidades, grupos LGTBI+, etc.".

A una pregunta de si tal deformación del cristianismo por parte de lo woke se da en todos los planos respondió: "No, hay una faceta que no imita. Y supone una diferencia clave: lo *woke* no se apropia de la idea de perdón, que es central en la tradición judeocristiana. La ideología *woke* desprecia el perdón. Si has cometido un error, si has lanzado un piropo inadecuado, si te has comportado de una manera incorrecta en un momento determinado de tu vida, aunque haya sido hace veinte o treinta años, eso puede siempre volver hacia ti. Serás condenado por ello, serás reprochado por ello, porque, con ese piropo o con esa palabra inadecuada –ofensiva para el grupo que se ve como víctima y al que hay que proteger–, hagas lo que hagas, lo único que te queda es pedir perdón, pero nunca se te concede. Tú te humillas. La humillación del que cometió el error resulta hoy esencial, cosa que, por cierto, no era tan importante en la tradición de la que procedemos. Y el perdón tiene que ver con que, si eres perdonado, se te acoge de nuevo, estás reconciliado. Esa noción de reconciliación no existe para lo *woke*. En este sentido, en lo que atañe al concepto del perdón, sí hay un corte radical entre la tradición cristiana y el pensamiento *woke*, porque, refiriéndonos al resto de elementos, ¿quién está en contra del cuidado del medio ambiente, o quién está en contra de la igualdad entre los seres humanos? El cuidado del medio ambiente y la igualdad entre los seres humanos es un mensaje cristiano, pero lo *woke* se apropia de ello para deformarlo".

Quintana abordó también en la misma entrevista si esa mecánica de deformación explica la crisis de las humanidades y declaró: "Para implantar esta civilización alternativa, lógicamente hace falta socavar la otra, acabar con la tradición. A lo *woke* le viene muy bien que cortemos, que desconozcamos nuestra tradición. Porque las humanidades, tradicionalmente, eran el vínculo que nos permitía conocer de dónde venimos y qué es lo que somos. En la medida en que quitas todo eso, quitas ese vínculo con lo anterior, puedes implantar lo *woke*. En las universidades americanas se empieza casi por aquí, mediante una crítica a los cánones históricos, a los cánones literarios, diciendo que el canon, en realidad, solamente refleja la mentalidad de unos opresores blancos, patriarcales, colonialistas. Según el pensamiento *woke*, debemos anular el canon y sustituirlo por literatura lesbiana negra del barrio del Bronx, o estudiar la literatura gay de los 80 en el barrio de Chueca".

Ataques woke al catolicismo

Un hecho constatable a nivel global, pero especialmente en el caso de España, es que los ataques woke a lo religioso se centran en los cristianos, especialmente en el catolicismo. Basta observar como un grupo político muy claramente representativo de lo woke como Podemos, es sistemáticamente anticatólico, a la vez que, en sentido inverso, apoya todo lo musulmán. Por ejemplo, comida especial en los colegios para los niños musulmanes incluso imponiéndola al resto de escolares, enseñanza de la lengua árabe y de la religión musulmana en los centros, expresiones de solidaridad hacia ellos… al tiempo que se organizan persecuciones hasta con manifestaciones contra padres católicos que piden enseñanza religiosa para sus hijos o contra colegios concertados porque dan formación cristiana. Parece muy contraproducente, por cuanto observando desde un punto de vista neutro lo que representa, por ejemplo, la práctica del Islam en materias como derechos de la mujer, derechos sociales, respeto a minorías… es muy obvio que son mucho más distantes que las cristianas de lo habitual en Occidente. No dudamos en afirmar con rotundidad que detrás de ello hay un odio a la cruz. Un odio al cristianismo, y de manera especial al catolicismo. Y que tal hostilidad es claramente inducida y promovida.

A partir de las afirmaciones de los propios woke vamos a desglosar los argumentos que dan de su postura ante la religión, que no es uniforme en todos los países y tiene diversas capas históricas, culturales y políticas.

España

En España es especialmente intensa la crítica contra el catolicismo desde ámbitos woke. Partidos políticos como Podemos y otros ideológicamente similares defienden el laicismo. Sienten y muestran agresividad hacia el catolicismo y presionan para que los cristianos vuelvan a las catacumbas eliminando toda presencia social. Los principios cristianos de defensa de la vida humana desde la concepción hasta la muerte natural, la familia basada en el matrimonio hombre-mujer, el derecho prioritario de los padres en la educación de sus hijos, su doctrina sobre la sexualidad... son atacados e incluso escarnecidos.

Aunque se declaran laicistas (no solo aconfesionales o laicos), y así lo plasman de manera abierta y militante frente al catolicismo, en la práctica caen de alguna forma en una ambigüedad religioso-cultural hacia otras religiones para no parecer intolerantes. Un doble rasero total. Agresivos al máximo contra las manifestaciones religiosas del cristianismo (como crucifijos en escuelas, enseñanza de religión, procesiones, oración en público, rechazo de cualquier presencia cristiana en la vida pública), pero permisivos con las prácticas de otros credos, especialmente las islámicas, incluso cuando chocan con valores progresistas como igualdad de género o derechos LGTBI+ tan defendidos por los woke.

Que traten mejor a otras religiones, y de forma muy concreta al Islam en España, a la vez que acosan al catolicismo, deriva en parte de una visión multiculturalista, antiimperialista y anticolonial, por lo que suelen ser más comprensivos con las minorías culturales o religiosas como los musulmanes, a quienes ven como colectivos históricamente oprimidos o marginados. Pero creo que ello no lo explica todo. Entiendo que, en el fondo, aunque estén en las antípodas de los suyos, consideran que los planteamientos de los musulmanes no amenazan las esencias de lo woke. No porque compatibilicen, ni de lejos, sino porque quedan más en lo exótico, al menos hoy por hoy.

Complementando lo anterior, criticar al Islam significaría, desde su óptica, una forma de racismo o islamofobia, mientras que atacar al catolicismo se ve más como una crítica al poder establecido.

Sus ataques a lo cristiano en España suelen vestirse de argumentos supuestamente históricos. Algunos movimientos de izquierdas tienden a ver a la Iglesia Católica no solo como una religión, sino como una institución de poder que ha estado del lado de las élites políticas y económicas y que debe ser cuestionada. La entienden como conectada al poder político y económico, especialmente durante el franquismo, y lo asocian a una etapa de represión, conservadurismo y falta de libertades.

Este argumento está muy ligado al reverdecimiento de las tensiones derivadas de la Memoria Histórica. Todo muy inducido por un relato que se ha hecho hegemónico en los últimos años, porque la mayor parte de los militantes de estas organizaciones son personas jóvenes que nacieron décadas después de la muerte de Franco. Jamás vivieron aquello contra lo que tanto luchan.

En otro orden de cosas, por parte de estos grupos hay también una estrategia electoral. Criticar al catolicismo no suele costar votos entre sus bases, mientras que ser percibidos como islamófobos puede alienar a parte del electorado joven, universitario o de minorías que, supuestamente, defienden la diversidad.

Otros países

La relación entre el movimiento woke y el cristianismo varía significativamente según el contexto cultural y político de cada país. En general, el movimiento woke -centrado en la justicia social, la equidad racial, los derechos LGTBI+, el feminismo y el reconocimiento de privilegios históricos que deben ser liquidados- tiende a tener una relación tensa, crítica o ambivalente con el cristianismo institucional, especialmente cuando a este lo perciben como parte del poder hegemónico o conservador.

Mientras en países como España o Italia al referirse a la relación woke-cristianismo se entiende por este último el catolicismo, en otros países incluye a núcleos protestantes, en algunos casos más que a los propios católicos.

Estados Unidos

Estados Unidos es el país donde el término "woke" se originó en comunidades afroamericanas como expresión de conciencia racial, pero, como se ha explicado, el movimiento ha adquirido un alcance mucho más amplio. Es el país donde la polémica es más viva y donde la confrontación entre movimientos woke y el cristianismo ha sido muy visible y polarizante en la calle, en la política y en los medios de comunicación. Los sectores conservadores acusan a lo woke de querer destruir la religión, y estos atacan a sus contrarios diciendo que hacen un uso político de la religión.

Los woke critican de manera especial a las iglesias evangélicas blancas por su oposición a los derechos LGTBI+ y al aborto, el rol que les atribuyen en la esclavitud histórica, y su apoyo a figuras políticas como Donald Trump. Por ejemplo, el movimiento "Black Lives Matter" ha cuestionado lo que considera el silencio o la complicidad de iglesias blancas (todas) frente al racismo estructural. En suma, las iglesias evangélicas blancas (muy influyentes en la política conservadora estadounidense) suelen ser vistas como opositoras directas a muchas causas woke, especialmente Derechos LGTBI+, aborto, teoría crítica de la raza (Critical Race Theory) y educación sexual en las escuelas. Para muchos activistas de lo woke, estas iglesias representan estructuras que perpetúan el racismo sistémico, el patriarcado y la homofobia.

En sentido inverso, sectores minoritarios de comunidades cristianas consideradas progresistas (algunos lo denominan Woke Christianity) se alinean con la agenda woke, entre ellos algunos núcleos de la Iglesia Episcopaliana (la iglesia anglicana norteamericana) y de la Iglesia Unida de Cristo, que han adoptado posturas pro-LGTBI+, antirracistas y feministas. Algunos plantean incluso como deberes cristianos la justicia racial, la lucha contra el cambio climático y acogida a la inmigración.

Otros, como el Reverendo William J. Barber II, un destacado ministro protestante estadounidense, activista social y académico, lidera acciones sociales con raíces cristianas que son bien vistas desde el campo woke, aunque lo hace por motivos distintos de estos. Es conocido por su papel como líder del Poor People's Campaign: A National Call for Moral Revival y por su trabajo en el Center for Public Theology & Public Policy de la Escuela de Teología de Yale.

Obviamente, los woke son hostiles no solo al cristianismo en general, sino al catolicismo, que mayoritariamente rechaza los postulados del movimiento woke. Dentro del catolicismo también algunas minorías están en línea pro woke, destacando el sacerdote jesuita James Martin, gran activista LGTBI+, que fue recibido repetidas veces en audiencia por el papa Francisco y formó parte de órganos creados por el Vaticano. Especialmente distorsionadora fue también en este aspecto la política del presidente Joe Biden, católico pero promotor del aborto y cercano a lo woke, como el Partido Demócrata.

Aunque las discrepancias católicos-woke afectan a la mayoría de asuntos, hay dos campos en los que son muchos los católicos que coinciden con los woke, si bien por razones distintas: los relacionados con las políticas migratorias, a las que pretenden aportan sentido humano y cristiano, y el rechazo total del racismo.

Reino Unido

En el Reino Unido, el movimiento woke ha ganado influencia en universidades, medios de comunicación y partidos como el Laborista, mientras, en general, los sectores religiosos conservadores han criticado el "adoctrinamiento woke", especialmente en temas de identidad de género.

Dentro de la Iglesia Anglicana hay división frente a los woke. Parte de ella ha intentado adaptarse a discursos de inclusión (aceptando sacerdotes LGTBI+, por ejemplo, así como ordenación de mujeres), pero ha chocado con críticas internas de sectores más tradicionales, hasta el punto de que amplios sectores anglicanos han regresado al catolicismo.

Canadá

Canadá es un país con políticas multiculturales avanzadas y fuerte presencia woke en instituciones públicas. El gobierno del liberal Justin Trudeau (2015-2025) fue un extraordinario impulsor de lo woke en los más diversos ámbitos, y de manera especial de lo LGTBI+.

En este país se despertó una especial hostilidad contra el catolicismo a raíz del "descubrimiento" de tumbas sin señalizar en internados (escuelas residenciales) para niños indígenas regidos por instituciones católicas, en las cuales, supuestamente, habían sido enterrados centenares de niños. Ello desató un vendaval anticatólico con amplia repercusión mediática y bien visto desde las instituciones públicas, con altercados que llevaron a destruir más de 60 templos católicos, muchos de estos de inmigrantes o de los propios indígenas. Hasta el papa Francisco viajó al país y pidió perdón, además de hacerlo los obispos del país. Pero resultó luego que todo era falso. No había tales restos humanos, pero la hostilidad de los proindigenistas ya se había desatado y tal falsedad ha calado.

Brasil

Brasil es un país profundamente cristiano. Siguen siendo muchos millones los católicos, pero han crecido de manera espectacular los fieles evangélicos. A ello se suma una sociedad con una alta polarización ideológica.

Las iglesias evangélicas se han enfrentado de manera rotunda, frontal, a lo woke, sobre todo en sus vertientes de ideología de género, feminismo, etc. No han faltado líderes religiosos como Silas Malafaia o Edir Macedo que han calificado el movimiento woke como "amenaza a la familia tradicional".

Dentro del catolicismo brasileño en general también rechazo de lo woke, aunque normalmente con un lenguaje menos radical y combativo que los evangelistas. No faltan, sin embargo, sectores considerados progresistas como los seguidores de la Teología de la Liberación que asumen algunos aspectos de la agenda woke en lo social, o cristianos afrodescendientes que se sienten especialmente vinculados en la lucha contra el racismo.

Francia

En Francia todo lo relativo a las religiones debe ser analizado a partir del modelo de laicismo estricto (*laïcité*) que busca excluir símbolos y discursos religiosos del espacio público. En determinados aspectos ello afecta también al movimiento woke, que ha sido objeto de fuerte debate y resistencia, especialmente desde las instituciones republicanas. Aun así, el pensamiento woke se ha difundido especialmente en universidades y entre jóvenes activistas, a menudo vinculado a temas de raza, género y colonialismo.

En todo caso, en Francia, como en otros países de Europa, las críticas al catolicismo vienen más del secularismo que de lo woke, pero hay convergencias entre estos.

El movimiento woke tiende a criticar al catolicismo (que llama tradicional) por su postura sobre el aborto, la homosexualidad o el papel de la mujer. De otro lado, intelectuales conservadores franceses (como Éric Zemmour) critican el wokismo como una "ideología americana" que amenaza la cultura francesa y la herencia cristiana.

Como en otros países, sectores católicos progresistas franceses han adoptado un lenguaje más inclusivo y se alinean parcialmente con causas woke, aunque sin usar ese término. En algunas parroquias y centros se ha promovido a su manera el diálogo interreligioso, la acogida de inmigrantes y la defensa de personas LGTBI+.

Italia

El movimiento woke tiene menor visibilidad y penetración en Italia que en otros países occidentales, y cuando aparece en el discurso público a menudo se le presenta de forma peyorativa, como importación estadounidense que amenaza la tradición italiana. Diversos políticos de derecha, entre ellos la primera ministra Giorgia Meloni, lo vinculan con la "ideología de género" o el colapso de valores tradicionales. Ello no impide cierta presencia en las universidades y apoyo de no pocos medios de comunicación.

Italia sigue siendo un país con fuerte herencia católica, y la Iglesia mantiene las posturas de siempre en temas de moral sexual, familia y educación y, en consecuencia, ha mostrado resistencia a aspectos del discurso woke, como la fluidez de género o la redefinición del matrimonio.

Como en otros países, algunos colectivos del catolicismo progresista como "Noi Siamo Chiesa" (Nosotros somos Iglesia) han apoyado a su manera con los woke causas de justicia social, inmigración y derechos LGTBI+.

América Latina

En países como Argentina, México o Chile, desde los woke hay críticas al que consideran o atribuyen rol histórico de la Iglesia en la política y en cuestiones de género, así en los derechos en este campo. Aunque el discurso pocas veces se etiqueta como "woke" en estos países, muchas críticas coinciden en el fondo.

África y Asia:

En estos continentes, el discurso woke no está apenas implantado culturalmente, y las críticas a la Iglesia suelen venir más desde posturas locales (anticolonialismo, islamismo político, etc.) que desde movimientos de supuesta justicia social con visión occidental.

Lo woke visto desde el cristianismo protestante

Diversos sectores protestantes mayoritarios, sobre todo evangelistas, han criticado y se han enfrentado abiertamente a lo woke. Y lo han hecho en no pocos casos con mayor rotundidad dialéctica que desde el catolicismo, negándose incluso a todo diálogo con el wokismo. La mayoría de protestantes practicantes consideran que el enfoque woke sobre el género, la sexualidad y la identidad entra en conflicto con la antropología cristiana. También les preocupa que la justicia social que promueve el woke se despegue del amor, del perdón y de la redención.

Por el contrario, algunos núcleos protestantes minoritarios se han doblado a un buen número de planteamientos woke por una supuesta adaptación a la "modernidad". A tener también en cuenta, de otro lado, que determinados sectores del protestantismo norteamericano, y de forma especial grupos formados sustancialmente por personas de raza negra, han asumido planteamientos woke relacionados con el racismo, porque lo han vivido y sufrido muy directamente. Por ejemplo, el movimiento "Black Church" históricamente combina fe con lucha por los derechos civiles.

Otros sectores del protestantismo critican lo woke, pero sin perder ni renunciar a su fe religiosa se muestran favorables al diálogo dando testimonio de su fe.

Nos centramos en algunos personajes destacados, con mucha proyección pública, básicamente en Estados Unidos. Destaca **Tim Keller** (1950–2023), pastor presbiteriano y teólogo, fundador de *Redeemer Presbyterian Church* en Nueva York.

Keller reconocía que el cristianismo y lo woke diferían profundamente en su visión del pecado, la salvación y la identidad, pero a pesar de ello llamaba a los cristianos a no rechazar automáticamente todo discurso "progresista", y a escuchar las legítimas preocupaciones sobre racismo, pobreza o marginación. Una de sus frases fue: *"No deberíamos adoptar una ideología secular como sustituto del Evangelio, pero tampoco deberíamos negar el sufrimiento que esas ideologías intentan abordar".*

Keller enfatizó que la respuesta cristiana al "woke" no debe ser una mera reacción política, sino una manifestación del amor y servicio al prójimo, siguiendo el ejemplo de Jesucristo. Criticó el uso de tácticas basadas en el miedo y la división, y abogó por una postura dirigida a la reconciliación y el entendimiento mutuo. *"Debemos amar a quien se equivoca, pero también atrevernos a decir la verdad con caridad",* dijo.

Como consecuencia de la intensa polarización político-social existente en los Estados Unidos, Keller advirtió que los cristianos están siendo demonizados y burlados en la sociedad, lo que les crea dificultades para trabajar en entidades educativas o gubernamentales si mantienen sus convicciones evangélicas sobre temas como el sexo y el género. Ello provoca en algunos miedo y resentimiento, lo cual los ha llevado a asociarse estrechamente a determinados movimientos políticos (en referencia al trumpismo, aunque no lo citara explícitamente). En este sentido, Keller subrayó que la identidad cristiana debe prevalecer sobre las afiliaciones políticas, y advertía que los cristianos no deben permitir que su fe se vea eclipsada por ideologías políticas, sino que deben buscar una expresión de la fe que trascienda las categorías políticas existentes.

Denunció también que vivimos en un mundo fragmentado en diversas "burbujas mediáticas", donde solo se escucha información que confirma nuestras creencias, lo que fomenta la división y el enfrentamiento entre diferentes grupos.

Otro protestante destacado que ha expresado su posición en relación al wokismo es el teólogo anglicano afroamericano **Esau McCaulley**, profesor en *Wheaton College* y autor del libro *Reading While Black*.

McCaulley critica aspectos del wokismo, como su esencialismo racial o el victimismo permanente, pero también reconoce que muchos cristianos han ignorado durante siglos las injusticias raciales. Frase suya es *"la justicia bíblica no es de izquierda ni de derecha. Es justicia del Reino de Dios"*. Defiende una lectura bíblica y ortodoxa que se compromete con la justicia social sin caer en ideologías seculares.

Por su pasado como mujer lesbiana y activista LGTBI+ que se convirtió en cristiana protestante y que sostiene convicciones sobre sexualidad basadas en los principios bíblicos, es destacable la visión de **Jackie Hill Perry**, escritora, poeta y ex rapera. Pronuncia conferencias y predica en programas de radio (como el titulado *With the Perrys)* y ha publicado libros como *Gay Girl, Good God* y *Upon Waking*. Ha abordado el fenómeno woke desde una perspectiva crítica, especialmente en relación con la justicia social, el racismo y la identidad cristiana, utilizando una terminología y retórica un tanto apocalíptica y con muchas citas bíblicas, formas muy propias de los predicadores protestantes.

Jackie Hill Perry se muestra muy crítica con lo woke porque considera que intenta reemplazar la fe por ideología, pero tampoco deja de decir abiertamente que muchos cristianos han usado la verdad para ser crueles con las personas LGTBI+ o racializadas. Así, sobre la implicación de todos los blancos en el racismo decía en su programa *Protestia*: "Creo que todos los blancos, y digo todos los blancos, deben mirar dentro de sí mismos y decir: 'Señor, ¿dónde está el engaño de mi corazón? ¿Dónde he comprado la narrativa de que todos los negros son criminales? ¿Dónde estoy tratando a mi prójimo no como mejor que yo? ¿Dónde estoy asumiendo que soy superior y ellos son inferiores por el color de mi piel?".

Denunció también la que consideraba doble moral en la iglesia evangélica. En unas declaraciones a *ChurchLeaders* dijo: "Nos adoraban cuando les decíamos a todos nuestros hijos que dejaran de ser gays, pero ahora que estamos aquí diciendo que las vidas negras importan...".

Perry pide un cristianismo que diga la verdad con compasión y que no caiga en extremos. *"La santidad no significa rechazar al pecador. Significa amar como Dios ama: con verdad y con gracia"*, manifestó.

Por su lado, el teólogo y filósofo reformado **Christopher Watkins** examina en su libro *Biblical*

Critical Theory, cómo la Biblia puede dialogar con teorías modernas como el marxismo, el feminismo o el poscolonialismo. Watkins no adopta lo woke, pero lo estudia y lo interpela con rigor intelectual desde las Escrituras, y pretende mostrar que el cristianismo puede ofrecer respuestas más profundas y verdaderamente liberadoras que las que ofrece el pensamiento crítico secular.

Russell Moore, teólogo baptista y columnista en *Christianity Today*, antiguo líder en la *Southern Baptist Convention*, conocido por su oposición a Trump y por su forma equilibrada de abordar temas sociales, cree que el cristiano debe ser proféticamente crítico con la derecha y con la izquierda, y que no se debe reducir la fe a una bandera política. Aunque no adopta ideas woke, cree que ignorar el sufrimiento de las minorías es contrario al Evangelio. Una de sus frases es: *"No tenemos que ser progresistas para ser justos. Solo necesitamos ser cristianos de verdad."*

Todos estos relevantes líderes protestantes norteamericanos tienen en común el ser críticos con el wokismo porque éste niega aspectos fundamentales de la fe (como la existencia de la verdad, la redención, el pecado, la identidad dada por Dios), pero no demonizan automáticamente todo lo que viene del ámbito calificado de progresista, y como buscan un cristianismo fiel a Cristo y sensible al dolor humano están dispuestos a discernir y dialogar, sin perder firmeza doctrinal.

El control de la cultura

Batalla cultural, batalla de lo intangible

El contenido de este libro puede incluirse en lo que a menudo se denomina "batalla cultural!. Las referencias a la existencia de una "batalla cultural" se han convertido en recurrentes en los últimos años, sobre todo en ámbitos católicos concienciados y, de manera más general, en amplios sectores sociales, políticos y culturales que consideran que las ideologías "progres" se han adueñado de la cultura desde hace décadas y a través de ella han modelado la sociedad con ideologías relativistas, materialistas e individualistas que en algunos casos implican un enorme giro antropológico y espiritual de cuanto habíamos conocido, incluso una redefinición del ser humano. Ante tal situación, bastantes han decidido intervenir activamente en la vida pública, además de hacerlo en la esfera privada o familiar, porque se están confrontando visiones profundamente distintas o antagónicas sobre la verdad, la dignidad humana, la libertad, el bien común, la moral y el sentido de la vida.

¿Qué es cultura?

Para abordar qué es el combate cultural es conveniente clarificar antes qué es cultura. Definir lo que es "cultura" no resulta tan simple como podría pensarse en una primera aproximación o reflexión, porque de manera habitual se simplifica el concepto al limitarlo al conjunto de valores, creencias y narrativas transmitidas por la literatura, las artes plásticas, los films, la ciencia… y, si se quiere, hasta los discursos políticos o los mensajes de influencers de moda. Su alcance es, sin embargo, mucho más amplio y más profundo: es el marco invisible que moldea la manera en que percibimos el mundo y actuamos en él. No se trata sólo de lo que la gente dice qué piensa o cree, sino de cómo vive. Cada uno de nosotros puede proclamar una supuesta forma de pensar, y, a la vez, actuar de manera muy distinta. Esto se da a menudo en el campo religioso: proclamar la fe con los labios, pero vivir de manera bien distinta. En ocasiones esto se hace evidente, y en muchas otras quedar oculto.

La cultura incluye también el concepto de fondo que se tiene del ser humano y de la forma en que se muere. Merece la pena recordar al respecto que en la encíclica *Evangelium Vitae* el papa Juan Pablo II habló de la "cultura de la muerte", señalando que ésta no se manifiesta solamente en promulgar leyes favorables al aborto o a la eutanasia, sino que es más sutil: implica una concepción del hombre como una simple pieza de un engranaje económico, lo cual permite prescindir de él cuando no se considera útil.

Definir la cultura abarcando todas sus facetas no es fácil. El novelista y académico galés, Raymond Williams, de gran influencia en el pensamiento marxista, decía que la palabra cultura era una de más complejas del diccionario inglés, "porque no se limita a ideas o valores declarados, sino que se instala en las costumbres, en los hábitos, en las estructuras que rigen la vida cotidiana".

Al margen de definiciones y debates teóricos en los que no conviene perderse para no caer en exceso de diagnóstico y diluir u olvidar lo operativo, quien de manera especial captó la importancia de la cultura, o, mejor, -de lo que representa dominar la cultura, fue el pensador comunista Antonio Gramsci, un destacado intelectual, sociólogo y periodista italiano, que fallecería en 1937 tras pasar años en las cárceles de Mussolini. Acuñó incluso el término "hegemonía cultural", que significaría transformar la sociedad y conseguir los órganos de poder a partir de controlar la cultura, sin recurrir al asalto de las instituciones por vías revolucionarias violentas, así como mantenerse luego en el poder sin necesidad de medidas coercitivas. Daba un vuelco al leninismo y a la mayoría de pensadores y líderes izquierdistas que para alcanzar el poder recurrieron a la revolución o hacían llamadas a ella. Gramsci argumentó en su conocido libro *Cuadernos desde la cárcel* que el poder de la clase dominante no solo se mantiene a través de la fuerza, sino que también se legitima mediante el consenso. Al controlar el pensamiento o las instituciones culturales (educación, medios de comunicación, religiones, etc.), la clase dominante puede moldear las creencias, valores y percepciones del pueblo. De este modo, las ideas de la clase dominante se presen-tan como las "normales" y "naturales", logrando la aceptación de su poder sin necesidad de recurrir constantemente a la represión. Dicho de otra manera, modificar en las mentes la forma de ver el mundo, el entorno cultural, y, casi sin darse cuenta, la gente cambia los conceptos y la visión sobre las cosas.

Podrían ponerse muchos ejemplos que lo corroboran. Lo limitamos a uno muy evidente, el del aborto. Hace solo 30 años, la inmensa mayoría de la población mundial lo consideraba un crimen, una monstruosidad. Con los cambios culturales han logrado dar un vuelco a las mentes hasta el punto de que hoy una gran parte de la ciudadanía lo acepta (al menos en los países occidentales). Se fue legalizando en un país tras otro y en muchos ni siquiera se han limitado a despenalizarlo para unos casos determinados, sino que lo han elevado en un derecho que en algún país han incorporado incluso en la Constitución para reconocerlo no solo de manera más solemne, sino también para hacer mucho más difícil políticamente el revertirlo cuando gobiernen otras mayorías.

Un apunte final antes de entrar en aspectos concretos de una batalla cultural. Cuando aquí hablamos de catolicismo (o si se quiere cristianismo) no nos referimos a quienes se suelen denominar "católicos culturales", personas que han sido formadas en el catolicismo y que incluso aceptan reconocerse como católicos si se les pregunta, y que en algunos casos hasta pueden defender el catolicismo frente a otras posiciones, aunque muchos no son ni siquiera creyentes, y, por supuesto, no practicantes. Pretendemos referirnos a católicos que quieren seguir a Cristo por muchos que sean sus fallos personales, que desean vivir su fe y transmitirla a otros, ser coherentes con sus creencias. Todo ello por considerar, y de ello se hablará, que el fondo de lo que tratamos va más allá de una batalla cultural. Que es una batalla espiritual. Con una salvedad a tener también en cuenta: que en la religión (católica, pero también en otras) hay un núcleo de fe, fundamental, intocable, pero debe saberse distinguir de la cobertura cultural que se ha podido ir creando o adhiriendo a lo largo de los siglos, y que quizás no es imprescindible. Tener claro que bastantes aspectos de la vida religiosa pueden ser cambiados sin afectar al núcleo de la fe, al meollo del Evangelio. Quienes hemos vivido siempre en el cristianismo podemos no saber distinguir lo que es central de las capas culturales que se han ido adhiriendo y de las que tenemos que irnos exfoliando.

Por tanto, ¿qué es una batalla cultural?

Una batalla cultural es un combate que no se libra con armas de fuego, ni con ejércitos, ni con estrategias militares, sino con ideas, valores, creencias y narrativas que moldean la forma en que una sociedad entiende el mundo. Se lucha en la educación, en los medios de comunicación, en las leyes, en el arte, en la política, en la literatura, en las redes sociales... y, en muchos casos, también en ámbitos tan próximos a cada ciudadano como la propia familia y las relaciones sociales de la vida cotidiana.

El término puede parecer muy épico, pero la batalla cultural, o guerra cultural como expresión que considero más apropiada y luego argumentaré, es el fondo una lucha por el poder. Un poder que en este caso no se consigue con violencia física pero que, de cualquier modo, es predominio, capacidad de decidir, de influir, de impregnar el actuar de muchos.

La lucha por el poder es una realidad permanente en todas las sociedades y a lo largo de toda la historia. Se da desde los núcleos humanos más pequeños hasta las instituciones internacionales. Aunque las formas de alcanzarlo han evolucionado desde las civilizaciones primitivas hasta el presente, siempre ha habido y habrá quienes tengan más o menos poder, quienes lo ejerzan de una forma u otra. Toda organización social exige que alguien esté al frente, por lo que detentar el poder político, económico, militar, ideológico… ha sido y será algo perenne en todas las sociedades porque está ligado a la naturaleza del ser humano, que es social.

El cristiano sabe que el poder, la autoridad, viene de Dios, que hizo social al hombre. Ello no significa que quien detenta el poder sea elegido por Dios ni que éste marque las formas en que los hombres lleguen a alcanzarlo. Pueden ser variadas, ir cambiando con los tiempos y su legitimidad derivará del cumplimiento de unas formas de elección y de su actuación a lo largo del tiempo. En ocasiones el acceso al poder incluso pudo realizarse de forma ilegítima, pero con el ejercicio del gobierno a lo largo de los años, o por la honradez o eficacia en el desempeño, un determinado sistema puede consolidarse y ser considerado legítimo.

El poder se puede conseguir de diversas maneras: por herencia, como en las monarquías; por sistemas tribales; por la fuerza, por violencia, sea por un golpe militar u otra amenaza física; por elección por asamblea o consejo (un grupo reducido de nobles, eclesiásticos…); por cooptación; por democracia directa (como en la antigua Atenas); por predominio económico; por teocracia (como en el antiguo Israel o en el Irán actual); por democracia representativa, que es el sistema habitual en la época moderna en la mayoría de países. En general, hoy, alcanzar el poder deriva del resultado de elecciones en las que pueden participar todos los ciudadanos mayores de edad y que con su voto otorgan el gobierno a unos candidatos u otros. En algún caso el acceso al poder puede ser resultado de la suma o combinación de diversas fórmulas de las anteriormente citadas.

En paralelo, hay personas singulares, grupos o instituciones que, aunque de forma directa no detenten un poder político, tienen amplia influencia por su reconocida autoridad, por su prudencia, sabiduría o buen hacer, por su potencial económico o por su gran presencia en la sociedad.

Todas las fórmulas de llegar al poder citadas son muy evidentes, pero hay otra más sibilina, la cultural. Como explica el politólogo y escritor argentino Agustín Laje, la cultural es una forma de poder de intangibles, difícilmente mesurables, que ha penetrado de forma imperceptible. Por ello la batalla cultural es la batalla de lo intangible. Es una batalla de las ideas, de los conceptos, de las formas de vida.

Sería mejor denominarla "Guerra cultural"

Más que "batalla cultural", que es el término que suele utilizarse, consideramos más adecuado el de "guerra cultural". En todo caso debe indicar lucha, combate. Entendemos que sería mejor denominarla "guerra" porque no es una sola batalla sino resultado de una infinidad de batallas de todos los niveles, algunas de gran dimensión, muchísimas medianas o pequeñas y otras, millones, combates que no pasarán de escaramuzas, de pequeños choques. Para ejemplarizarlo en lo concreto basta pensar en las numerosísimas batallas, batallitas, driblings, zancadillas, discusiones, negociaciones… que tendrá que librar a lo largo de años un profesor de buen criterio que quiera darle la vuelta a la situación en un centro educativo en que ha penetrado lo woke. O, a escala más amplia, cómo cambiar el cine, una gran parte del cual es hoy una inmersión en el nihilismo. O los medios de comunicación. O algunas leyes educativas. Son millones de combates grandes y pequeños que hay que ir ganando, y que implican ir cambiando poco a poco las mentalidades. Con una particularidad adicional: que no hay una batalla decisiva que dé por sí misma el vuelco a la situación. Es la suma de millones de iniciativas de todo tipo.

Basta una simple observación de la realidad y de las tendencias imperantes en las últimas décadas para darse cuenta de cuáles son los principios y conceptos que conforman el marco mental de una gran parte de los ciudadanos en ámbitos como el concepto de familia, el sentido de la vida, la verdad, los derechos de las personas o de los animales, la religión, la ecología, la identidad humana, la sexualidad… Es muy evidente que los esquemas asumidos por la mayoría de personas quedan lejos de la óptica cristiana, al menos en los países de Occidente. El wokismo se ha convertido en ideología de Estado en muchos países, aunque no le apliquen este nombre. Se han promulgado muchísimas leyes que implican legalizar o incluso hacer obligatorios postulados woke y los gobiernos actúan en esta línea un día y otro. Tales principios han penetrado en las estructuras sociales, en organizaciones culturales, en think tanks, en los medios de comunicación, en la enseñanza. Se han enseñoreado de muchas instituciones públicas. Y es promovido e impulsado por sectores especialmente activos y movilizados, y, en bastantes casos. también muy bien financiados.

El daño causado es grande y una observación desapasionada permite concluir que la situación de conjunto aún puede empeorar, porque si bien algunos países empiezan a estar de vuelta, otros aún no. Todo indica que dar un vuelco global a la situación requerirá muchos años. Muestra de ello, aunque esté referido a un solo aspecto, la frase llena de sentido común del presidente de la Conferencia Episcopal Española y arzobispo de Valladolid, Luis Argüello, el 8 de abril de 2025 en declaraciones a la COPE: "Hace falta un largo embarazo para volver a dar a luz una cultura favorable a la vida".

Esta batalla o guerra cultural es una carrera de fondo, no de sprint. Algo está cambiando, porque cada día son más las personas conscientes de que hay que luchar y que se implican en ello, pero hacen falta muchas más. También sabemos que en la historia se dan ciclos, con períodos de mejora y de empeoramiento en temas de fondo.

De otro lado, no puede faltar la esperanza. El cristiano sabe que Dios es el Señor de la Historia. En los acontecimientos en mayúscula y en las historias en minúscula. Y que va guiando el mundo como a distancia, sin que se le vea ni se le note de manera directa o a corto plazo, pero ideologías que parecían imponerse, que daban imagen de intocables, permanentes, culminación del ser humano, se hunden incluso súbitamente. También pasarán las ideologías hoy imperantes. Algunas con más pena que gloria. Otras, con irrelevancia. Pero algunas habrán hecho mucho daño a las personas coetáneas.

Militancia sin belicismo

Aunque entendemos que sería mejor denominarlo "guerra" cultural, como lo importante no es la terminología sino el contenido, mantendremos "batalla" cultural por ser más comúnmente aceptada.

¿Es bueno denominarla con una terminología de confrontación, de enfrentamiento? Puede parecer belicista, y por ello algunos rechazarlo. Reconozco que cuesta un poco presentarlo como batalla por quienes promovemos ser constructores de puentes y no de trincheras, partidarios del diálogo y de la pacífica convivencia y no del enfrentamiento y la polarización, como se expondrá en diversos capítulos.

Es discutible si es apropiado o no utilizar este vocabulario de "batalla". Estoy convencido, sin embargo, de que es necesario presentar la situación en toda su crudeza porque nos han abocado a ella diversas ideologías y movimientos imperantes hoy. Quienes gracias a Dios tenemos una cosmovisión cristiana somos objeto de ataque desde no pocos flancos. Y hay que recordar que lo cristiano es misericordia, pero también milicia.

Además, se pueden combatir las ideas sin insultar ni herir a las personas, y menos aún odiarlas. Rechazar conceptos y modelos de vida, no a quienes los sustentan o aplican, aunque se discrepe totalmente de ellos. Descartar los criterios de otras personas, y quererlas a ellas. Vivir en cristiano exige buscar y defender la verdad, teniendo amor y respeto al contrario, incluso a los enemigos y a quienes nos quieren mal.

En cualquier caso, evitando perderse en debates terminológicos estériles, lo sustancial es tener claro que hay que combatir el mal en abundancia de bien. Y, en palabras del activista provida Jesús Poveda, de no ser "sofista", no ser de aquellos que permanecen sentados en el sofá y dan lecciones a otros.

Las guerras culturales no son nuevas

Por estar inmersos en los problemas de nuestro tiempo podemos pensar que las luchas culturales como las que vivimos hoy son completamente nuevas. Pero aunque adquieran formas distintas y específicas, nada es nuevo bajo el sol. Como se lee en el Eclesiastés 1:9-11, podemos relativizar las cosas, también las dificultades:

"Lo que antes sucedió vuelve a suceder; lo que antes se hizo vuelve a hacerse. ¡En esta vida no hay nada nuevo! Cuando alguien llega a decir: "¡Aquí tengo algo nuevo!" resulta que eso ya existía antes de que naciéramos. Nosotros no nos acordamos de lo que los otros hicieron, ni los que vengan detrás se acordarán de lo que hicimos. ¡Los que vengan detrás creerán empezar de nuevo!".

Batallas o luchas culturales se han librado muchas a lo largo de la Historia. El denominar "batalla cultural" a este tipo de confrontación es ya antiguo, e incluso llevaba tal nombre el Kulturkamp de Otto von Bismark contra los católicos entre los años 1871 y 1878. Bismark, al frente de Prusia, había liderado la unidad alemana creando el Segundo Reich y con su visión prusiana muy vinculada al protestantismo luterano percibía el catolicismo como una amenaza para la cohesión nacional en el recién creado Imperio alemán. Por ello desató una lucha contra la Iglesia Católica y el Zentrum (partido formado básicamente por católicos alemanes). De una manera especial quería eliminar la presencia de los católicos en la educación, promulgó leyes para que los sacerdotes alemanes tuvieran que formarse en seminarios del país y no en el extranjero, sobre todo no en Roma, controló los nombramientos eclesiásticos y expulsó a los jesuitas.

Merece la pena apuntar que el resultado del Kulturkamp fue bastante fallido y, tras unos años de aplicación, Bismark dió marcha atrás. Los católicos se resistieron a tales presiones y se generó polarización política y social, de forma que el canciller fue perdiendo apoyos no solo de los católicos sino de otros sectores como los liberales y, *de facto,* su hostilidad potenció al Zentrum.

A lo largo de la historia de la humanidad han sido muchas las batallas culturales que se han librado, aunque no se las adjetivara de esta forma. En el mundo antiguo, un país que conquistaba otro u otros tendía a imponer su lengua, su código jurídico, su moneda y estructura económica, sus festividades, en muchos casos su religión, etc., es decir, su cultura, sustituyendo a la de los conquistados. A veces, el resultado era una mezcla de ambas, la anterior autóctona y la del conquistador.

Podrían ponerse muchos ejemplos desde la antigüedad hasta hoy. Basta recordar el Imperio Romano y como implantó su cultura en los territorios que formaron parte de él.

Limitándonos a los últimos siglos tenemos como ejemplo especialmente importante de lucha cultural la Reforma protestante y la Contrarreforma católica (siglos XVI y XVII), con muy serias implicaciones políticas y sociales en toda Europa, incluyendo guerras de religión. En el campo cultural sin duda ganaron por goleada los protestantes, al menos en las primeras décadas. Fueron mucho más hábiles en la difusión de su doctrina, desde el primer momento hicieron uso de las lenguas vernáculas y de la imprenta para llegar a la gente mientras los católicos seguían con el latín, que solo entendían los clérigos y algunas personas muy cultas, explicando mucho menos la Sagrada Escritura y sin hacer uso generalizado de las posibilidades que daba el descubrimiento de la imprenta. En Centroeuropa algunos han dicho en fechas recientes que Lutero fue la primera estrella mediática de la historia. Nadie había logrado anteriormente una presencia similar entre la población de Alemania y otros países. Su traducción de la Biblia al alemán se disparó en difusión y hasta muchos afirman que fue muy importante para reducir el analfabetismo porque gracias a él mucha gente aprendió a leer y escribir para poder leer la Biblia. Los protestantes ganaron incluso en la terminología. A lo que fue una "ruptura" de Lutero, Melanchton, Calvino, Zuinglio… con la Iglesia católica la denominaron "Reforma", un término reconocido normalmente como positivo, mientras que lo realizado por los católicos fue la "Contrarreforma", de connotación negativa y hasta casi repulsiva.

Desde el bando católico, un acontecimiento de aquel período, el Concilio de Trento, muestra que a partir de una contienda teológica surgió otra cultural de un gran contenido doctrinal, incluyendo campos como el del arte. Ahí está el barroco como reacción a la extrema sobriedad calvinista y de los puritanos.

Otra guerra cultural claramente perdida por España fue la derivada de la "leyenda negra", cuya huella persiste siglos después.

La Ilustración planteó otra gran batalla cultural. La diosa Razón frente a Dios, Racionalismo contra Religión. Se inició en el siglo XVIII, pero en algunos aspectos o situaciones permanece vigente, puesto que siguen existiendo quienes niegan la compatibilidad fe-ciencia o religión-razón. El debate está hoy muy superado en el ámbito cristiano, donde se rechaza que haya contradicción entre ellas y hasta se afirma con gran claridad que la fe sin la razón puede conducir al fanatismo, mientras la razón sin la fe lleva a no captar la esencia última de las cosas. Sin embargo, tal debate sigue muy vivo con referencia a otras religiones, sobre todo el Islam.

Otras batallas culturales de los últimos siglos fueron la lucha por la abolición de la esclavitud (siglos XVIII y XIX) y las derivadas de la radical ruptura de los esquemas de funcionamiento económico-social como consecuencia de la Revolución Industrial (siglo XIX).

A nivel más reducido y centrándolo en el mundo católico, con el Movimiento de Oxford los católicos ingleses se enfrentaron culturalmente al anglicanismo británico que incluía un alto componente nacionalista y una enorme hostilidad hacia el catolicismo. El más destacado de aquellos católicos sería John Henry Newman (siglo XIX). Como antecedente de tal situación recordar que, tras la ruptura de Enrique VIII con Roma en 1534, los católicos sufrieron siglos de discriminación y épocas de gran persecución. Basta recordar a Santo Tomás Moro. La situación no empezó a cambiar hasta la llamada Ley de los Papistas de 1778, que permitía a los católicos tener propiedades, heredar tierras o ingresar en el Ejército. Y la normalización total tardaría aún muchos años más.

De manera similar, aunque sin persecución directa, en el siglo XX el movimiento Esprit, cuyo principal impulsor sería Emmanuel Mounier, libró una batalla cultural en la laicista Francia al entender los seguidores de aquel movimiento que tras la pugna terrenal hay otra espiritual entre el bien y el mal, entre la verdad y la mentira.

Y, siguiendo con el mundo cristiano, no faltó una batalla cultural contra el paganismo nazi y, mucho más, por su propia duración de muchas décadas, contra el comunismo. Con este último el combate no quedó limitado a la directa persecución a los cristianos en los países situados tras el Telón de Acero, sino también en Occidente, donde amplios sectores se sentían identificados con el comunismo, de forma especial en ámbitos intelectuales.

Desde el fin de la Segunda Guerra Mundial ha habido o hay en el mundo muchas batallas en las que al menos alguna de sus vertientes es cultural: democracia contra totalitarismo; capitalismo frente a comunismo; consecución de los derechos civiles en Estados Unidos frente a segregación; cultura hippy frente a valores tradicionales de Occidente además de contra el consumismo y la guerra de Vietnam; nacionalismos frente a colonialismos; u otros nacionalismos frente a globalismos.

También se dieron una serie de movimientos minoritarios que representaban revisionismos históricos antioccidentales, como las Brigate Rosse (Italia) o la Fracción del Ejército Rojo (Alemania) que promovían la guerrilla urbana en base al marxismo-leninismo y las luchas anticoloniales. En Estados Unidos las Panteras

Negras se oponían al racismo y el imperialismo occidental.

La Teología de la Liberación, con gran influencia marxista y logrando una importante implantación en la América Latina, se presentó como un cristianismo crítico con el capitalismo y el imperialismo occidental.

Asimismo, y de mucha mayor dimensión, los Movimientos de Liberación Nacional y el Anticolonialismo gozaron de gran apoyo de intelectuales occidentales críticos con el colonialismo. La izquierda también apoyó la Cuba de Fidel Castro y al Vietnam comunista como modelos de resistencia contra el imperialismo occidental.

De otro signo, aunque iba dirigida a consolidar el poder absoluto de Mao Zedong y se vistió como "cultural", no está de más recordar la Revolución Cultural china de entre 1966 y 1976, durante la cual eliminaron brutalmente a los supuestos elementos "capitalistas, reaccionarios y tradicionales" en aras de una pureza del comunismo maoísta. Liquidaron sin piedad y en base a acusaciones carentes de fundamento a gran parte de la intelectualidad y de los profesionales más preparados.

Movimientos vigentes hoy

Una lucha cultural que ha penetrado en todos los niveles de la sociedad desde hace décadas la han planteado los movimientos ecologistas, muy activos en casi todo el mundo y a los que ya no faltan ni siquiera figuras u organizaciones icónicas. Algunos de ellos han pasado a formar parte del establishment, pero al menos en sus inicios criticaban en su raíz la industrialización y el desarrollo occidental. Gran parte de estos movimientos se centran hoy en la lucha contra el cambio climático, adoptando posiciones antinatalistas y en favor del decrecimiento demográfico y económico.

Aún hay más batallas culturales en las que estamos inmersos desde hace décadas, sobre todo desde la revolución del 68. Esta fracasó en el aspecto político y tampoco condujo a una revolución social como la revolución rusa de 1917, pero sí triunfó en lo cultural. De hecho, los principios que hoy inspiran las sociedades occidentales y son hegemónicos en muchos países son los que se generalizaron a partir de dicha revolución protagonizada fundamentalmente por universitarios. Aunque estallaron en aquel año, sus orígenes ideológicos vienen de mucho antes, de la Escuela de Frankfurt, en los años 20 y 30 del siglo XX, con pensadores como Erich Fromm, Theodor Adorno, Herbert Marcuse, Max Horckheimer, Walter Benjamin, Jurgen Habermas y otros. Varios de ellos marcharon de Alemania a los Estados Unidos en los años 30 y 40 del siglo XX y difundieron sus teorías desde diversas universidades, logrando una gran influencia a nivel mundial.

En diversos aspectos sus teorías y práctica, con otros aditamentos, son marxismo que no deja de mutar. A diferencia de lo promovido antes por los pensadores de base marxista, el eje ya no es el cambio económico-social, sino la transformación de la persona en sí misma, de forma muy especial a partir de la sexualidad. Aunque no únicamente, en el centro de los ataques aparece la Iglesia Católica, por considerar que representa los valores opuestos a una libertad sexual entendida como autonomía absoluta de la persona.

Finalmente. anotemos algunos movimientos de las últimas décadas muy presentes en la batalla cultural que exigen tomar posición muy clara a la vista de sus muchos excesos. Ahí están los feminismos que se iniciaron con justísimas reivindicaciones como el derecho al voto, la mayor autonomía femenina frente al varón, la igualdad de oportunidades educativas, laborales y sociales... pero muchos de estos feminismos han degenerado hasta la irracionalidad poniendo el centro en el derecho al aborto, liberación sexual, enfrentamiento hombre-mujer, etc. Todo un cambio antropológico.

Muy interrelacionado está el amplio y diverso movimiento LGTBI+ y de identidad de género, la cultura de la cancelación... y un revisionismo histórico antioccidental, de todo lo cual se hablará ampliamente más adelante.

A este alud ideológico que cambia no solo aspectos sociales o económicos sino las bases antropológicas se suma -o forma parte de lo mismo- una particularidad: en las sociedades occidentales, los partidos y organizaciones tradicionales de izquierda y los liberales globalistas promueven lo mismo en estos temas de contenido antropológico fundamental. Las que, para simplificar y usando terminología convencional se podrían calificar de izquierdas y derechas, coinciden en intereses comunes. Los partidos y grupos de izquierda ya no tienen como bagaje ideológico básico la transformación socioeconómica de la sociedad, sino la imposición del feminismo de género y la ideología que convierte la homosexualidad y el transgénero en identidades políticas dotadas de un estatuto singular y privilegios establecidos. La progresía de género lo ha convertido en bandera de Estado. Los liberales globalistas, por su lado, asumen y promueven lo que sea, también todo lo expuesto, con tal de que no cambie el status económico. En un período en que las clases medias están en retroceso, en que una buena parte de las jóvenes generaciones atraviesan graves dificultades para salir adelante (lo que se evidencia, por ejemplo y de manera muy especial en conseguir vivienda o emanciparse), cuando las desigualdades económicas han crecido… toda esta problemática económica queda un tanto ocultada, relegada a un muy segundo plano. Menos molestias para el liberalismo económico. Un gran éxito logrado, porque, paradójicamente, esta es la ideología del establishment, incluido el del dinero. Al capitalismo le interesa el hombre desvinculado, con menos arraigo y con necesidades individuales elevadas hasta el extremo.

De lo citado lo más novedoso y potente es que quienes fueron enemigos acérrimos a lo largo de muchos años, el liberalismo y la izquierda marxista, se han convertido en aliados objetivos en los temas antropológicos clave. Han desviado el interés desde lo socioeconómico a la panorámica del feminismo y la ideología de género.

Ligado a lo anterior, se ha disparado al alza la "cancelación". Este término, entendido según el concepto de origen anglosajón *cancellation*, indica silenciar, hacer desaparecer del ámbito público a todo aquel que discrepe de dicha corriente principal. Es una forma de la censura que siempre ha existido, pero ejercida ahora de forma sibilina y no necesariamente desde órganos oficiales.

Siempre guardando las distancias, en referencia a las ideas y sin atentar físicamente contra las personas, es una versión moderna del *Nacht und Nebel* (Noche y niebla) que aplicaban los nazis. Estos se llevaban a las personas y nunca más se sabía de ellas. Ni siquiera si vivían, y mucho menos dónde estaban y qué hacían. A muchas las asesinaban quizás tras años de explotarlas y maltratarlas en campos de exterminio. También en los gulags soviéticos se sometía al silencio y el aislamiento a los que se consideraba "enemigos del pueblo" y en muchos casos tampoco se sabía nada de ellos. La cancelación de hoy es un silencio moral, un desaparecer de la escena pública, un vacío, aunque, obvio, no se elimina a las personas ni se las maltrata físicamente. Se diferencia, por tanto, del totalitarismo clásico (nazi o comunista) en que el castigo para el disidente ya no es el paredón o el gulag, sino la etiqueta infamante: '¡fascista!', '¡machista!', '¡homófobo!', '¡racista!', '¡tránsfobo!'… o el silencio absoluto.

Cada una de las batallas culturales citadas ha tenido un fuerte impacto en la sociedad.

Aunque sea de signo distinto y no tengamos aún perspectiva suficiente y desconozcamos muchas de sus consecuencias, sin duda el enorme cambio que representa la Inteligencia Artificial tendrá influencia en la lucha cultural.

Algunos retos de la lucha cultural de hoy

Cualquier persona que ha asumido los valores y principios ancestrales de las sociedades occidentales, y de modo especial si es cristiana, percibe una evidente divergencia entre la visión cristiana del ser humano y la de diversas ideologías imperantes en las últimas décadas. Aunque en este libro nos centraremos básicamente en lo woke, puede ser útil enmarcarlo en el conjunto de luchas culturales.

La discrepancia entre la visión cristiana y otras cosmovisiones no se reduce a unos planteamientos abstractos o a un debate de ideas, sino que afecta a todo. Empezando por el intento de reducir la fe de los creyentes al ámbito privado, sin incidencia en la vida pública. Oponerse a este intento es fundamental, porque el cristianismo no es solo un conjunto de creencias o un sentimiento interior, sino una propuesta de vida que desde el amor y la verdad busca transformar a las personas, y por tanto a la sociedad. Cristo quiso que los suyos fueran "sal de la tierra y luz del mundo" (Mt 5,13-14), lo que significa que están llamados a influir positivamente en la cultura, no a retirarse de ella. San Juan Pablo II hablaba de la "nueva evangelización" precisamente como una respuesta a la secularización cultural, especialmente en sociedades que fueron marcadas por la fe pero que hoy viven como si Dios no existiera. Y el papa Francisco, dirigiéndose a los jóvenes, les dijo que "deben ser protagonistas de la cultura. No espectadores, no marginales. Ellos tienen una gran responsabilidad: hacer cultura, transformar la cultura".

Relacionado con lo anterior está la libertad religiosa. Son muchos los países en los que es conculcado este derecho, uno de los más importantes del ser humano. Todas las religiones pueden sufrir, y a menudo sufren, episodios de persecución, pero en la actualidad los cristianos son los más perseguidos, a larga distancia de todos los demás.

Otro de los retos del cristianismo actual es el Relativismo moral. Predomina la idea de que no hay verdades objetivas, que todo es opinable, o variable, de forma que algo que hoy es de una manera, para la misma persona mañana puede ser lo contrario. El relativismo se ha impuesto de tal manera que el papa Benedicto XVI habló repetidamente de la "dictadura del relativismo".

En el mismo marco relativista, la realidad, la verdad, es lo que en cada momento dice, piensa o vota la mayoría de ciudadanos. Choca con la visión cristiana, para la cual existen verdades sobre el bien, la vida, el amor, la justicia, que están inscritas en la ley natural y reveladas por Dios.

La ideología de género y otras corrientes filosóficas modernas intentan disolver las diferencias naturales entre hombre y mujer, o incluso redefinir lo que significa ser persona. Esto contrasta con la antropología cristiana, según la cual el ser humano es creado a imagen de Dios, con una identidad corporal y espiritual. Con "Varón y hembra los hizo" deja claro que no cabe todo. Al igual que sus predecesores, el papa Francisco ha condenado en numerosas ocasiones tal ideología, calificándola de "colonización ideológica". En la audiencia del 1 de marzo de 2024 al recibir a los participantes en la conferencia "Hombre-mujer. Imagen de Dios. Por una antropología de las vocaciones" hizo una de las condenas más rotundas: "la ideología de género es el mayor peligro (el más feo) de nuestro tiempo" y añadió que "borrar la diferencia (hombre-mujer) es borrar la humanidad".

Por tratarse de un ingrediente fundamental de todo lo woke, se dedicará especial atención a la ideología de género.

Siguiendo con las corrientes ideológicas del momento, otra es el transhumanismo. Choca con el cristianismo principalmente en su visión del ser humano y su destino. Mientras el transhumanismo busca superar las limitaciones humanas mediante la tecnología (alcanzar la inmortalidad, mejora cognitiva, etc.), el cristianismo sostiene que la plenitud del ser humano se alcanza en Dios, no en avances tecnológicos, aunque los valora positivamente. Además, el transhumanismo tiende a sustituir el papel divino en la creación y salvación, lo que puede considerarse una forma de idolatría o usurpación del plan divino.

La eliminación de las raíces cristianas en la sociedad es otro de los retos. En muchos lugares las han borrado tanto a nivel social como desde las instituciones. La mayoría de jóvenes de Europa y de otros países de Occidente no conocen las raíces cristianas de su propia cultura. Con la particularidad de que persiste el intento de erradicar de la esfera pública hasta los símbolos o referencias que puedan quedar. Además de hacerlo desaparecer de los centros educativos, baste citar los intentos de eliminar hasta el nombre de celebraciones como la

Navidad para sustituirla por solsticio o fiesta de invierno, o la liquidación de todos los símbolos cristianos, como las cruces u otras imágenes, de espacios públicos. Recuperar la base histórica y el legado cristiano es vital para comprender quiénes somos y hacia dónde vamos.

Otro de los grandes retos es la lucha contra la cultura del descarte, de la que hablaba el papa Francisco. La sociedad tiende a excluir a los más vulnerables (no nacidos, ancianos, pobres, migrantes) porque no se ajustan a una lógica utilitarista. El reto es restaurar una cultura de la vida, de la solidaridad, del cuidado del otro. En ello trabajan a fondo tanto muchas instituciones cristianas como personas creyentes a título individual.

Podrían añadirse otros desafíos como la generalización del hedonismo, el narcisismo o la creciente desvinculación de las personas de lo colectivo.

Y a nivel muy global, señalar que uno de los grandes retos es la falta de esperanza. Tiene muchas manifestaciones. No solo el incremento de los suicidios, sino incluso la escasa natalidad. Quien tiene esperanza desea perpetuarse.

Origen y utilización

Tras esta batalla cultural, o estas batallas, existe una batalla espiritual, lo que se abordará a fondo más adelante. Podría añadirse la reflexión de Donoso Cortés, que afirmó que detrás de todo problema político hay un problema teológico.

Nadie consciente puede inhibirse de participar, y menos un cristiano. No basta con quejarse de lo mal que están las cosas. Dar respuesta exige estar dispuestos a luchar, participar en donde cada uno pueda: en los medios de comunicación, en la política, la educación, el arte, las organizaciones ciudadanas, las instituciones culturales, las entidades deportivas, etc. para transformar el mundo desde dentro.

Hacer efectiva tal participación exige ir más allá del voluntarismo. Empezando por formarse, porque nadie puede dar lo que no tiene. Es urgente aumentar el conocimiento de las bases de la propia fe, adquirir formación en filosofía, en historia, en ciencia…, para poder dialogar con el mundo con claridad y caridad.

Junto a ello el testimonio. La coherencia de vida es el argumento más convincente. Un cristiano que vive con alegría, esperanza y compromiso, "habla" incluso cuando calla.

Otra de las vertientes deberá ir en la línea de conseguir los recursos necesarios. Uno de ellos es el dinero. A menudo, actuar en cristiano significará rascarse el bolsillo en función de las disponibilidades de cada uno.

También organizarse para ser efectivos. Más que actuar como francotirador, lo que tampoco puede descartarse, para lograr mejores resultados hay que intentar crear organizaciones sólidas que puedan marcarse objetivos.

Y saber que es una lucha difícil y compleja. Con un aditivo: la absoluta ausencia de reconocimiento en la vida terrena. Todo es hostilidad o cancelación, a diferencia de lo que a veces se produce con la acción social de los cristianos en pro de los necesitados de ayuda material. Esta es dura y requiere mucha generosidad y entrega, pero se recibe algún aplauso, incluso de sectores hostiles a la religión. Nada de ello se da en la lucha cultural.

Por ser una lucha espiritual exige oración y discernimiento: sin vida espiritual, esta batalla se vuelve solo un esfuerzo humano. Con Dios, todo cobra sentido.

Más allá de lo cultural, una batalla espiritual

¿Por qué es una batalla espiritual?

La batalla entre lo woke y lo cristiano no se limita a lo político-social, ámbitos en los que incluso se pueden encontrar algunos puntos de encuentro, ni tampoco en divergencias sobre determinadas visiones de la sociedad. Pero, ¿se trata solo de una batalla cultural?

Entendemos que el fondo va mucho más allá, es una batalla espiritual, porque penetra hasta en los aspectos más profundos del ser humano. A nivel global es una pugna entre una visión trascendente (Dios da la identidad) y una visión inmanente (el individuo se autodetermina). Una batalla del bien contra el mal. De alguna forma, Civilización contra Barbarie. O yendo aún más allá: Cristo contra Lucifer.

Puede parecer exagerada e incluso maniquea tal afirmación, pero es fundamental darse cuenta que la confrontación no se limita ni de lejos a unas visiones políticas, económicas o sociales enfrentadas o simplemente distintas, sino que se está ante concepciones antropológicas incompatibles. Más allá de debates intelectuales o conceptuales basta observar los resultados de la cultura imperante, al menos en Occidente: la erosión, dilución y devaluación de la familia; el desprecio de la ley natural, la descristianización; la cultura de la muerte, etc.

Es cierto que la calificación de este combate como espiritual se podría aplicar también a otros ámbitos, no solo a lo woke, pero aquí nos centramos en éste, desglosando aspectos diversos relativos a lo espiritual:

1. Visión del ser humano

- El cristianismo afirma y enseña que el ser humano es creado a imagen y semejanza de Dios, con una dignidad intrínseca, una identidad dada por Dios (hombre o mujer), y una vocación a vivir en comunión con Él.

- Ideología woke: Tiende a ver la identidad como algo subjetivo, moldeado por la experiencia individual, especialmente por la opresión o el trauma. La identidad de género, por ejemplo, es vista como fluida, elegible y elegida, no dada.

2. Concepción del bien y del mal

- Cristianismo: El bien y el mal son objetivos y están basados en la ley moral natural y la revelación divina. El pecado es una ofensa contra Dios.

- Ideología woke: El bien y el mal son relativos, definidos por contextos sociales y estructuras de poder. Para los woke, "pecado" equivale a opresión, discriminación o "privilegio".

La contraposición espiritual es tan grande hasta el punto de que lo que el cristianismo llama *pecado*, el woke podría considerarlo *liberación*, y viceversa.

3. La redención y la salvación

- Cristianismo: La redención viene por medio de Jesucristo, a través de la gracia, el arrepentimiento y la conversión personal.

- Ideología woke: La "salvación" viene por la conciencia social, la deconstrucción de sistemas opresores, el activismo, o incluso el castigo del opresor.

Son posiciones antagónicas. A recordar que el "perdón", tan fundamental en el cristianismo, es ajeno a los woke más allá de aplicarlo a "los suyos". El cristiano tiene claro que solo el perdón permite sanar heridas, y que quien no se reconcilia con el pasado nunca tendrá paz.

Como ejemplo ilustrativo, el inmenso valor del perdón y la sanación que comporta se ven en la película *El mayor regalo* de Juan Manuel Cotelo. Muestra cómo ante gravísimos agravios, incluidos asesinatos flagrantes de toda la familia, el perdón permite sanar las heridas, por enormes y profundas que sean.

Aspectos del conflicto espiritual

Que es un conflicto espiritual se ve con claridad formulándose preguntas como las siguientes: ¿Quién salva, Cristo o el movimiento político-social? ¿Se redime uno por gracia o por justicia social?

Aunque no estén específicamente referidas a lo woke, sino encuadradas en un marco más amplio, reproducimos ideas expuestas por el filósofo, ensayista y dramaturgo francés Fabrice Hadjadj y por el actual pontífice, León XIV, cuando era prior general de los agustinos, porque contribuyen a entender la panorámica en que se puede situar lo woke.

Hadjadj es uno de los intelectuales católicos de referencia en todo el mundo. Su amplísima producción literaria, a caballo entre el ensayo y el teatro, contiene algunos de los títulos más leídos en el orbe cristiano, como *La suerte de haber nacido en nuestro tiempo, Qué es una familia, La fe de los demonios* o *Padres como san José.* En 2025 se ha trasladado a vivir a España con su mujer y sus diez hijos para poner en marcha un proyecto.

En una entrevista en *El Debate* se le preguntó cómo inserta su propuesta de "combate espiritual" en la polarización social y política que causa enfrentamiento incluso en los hogares. Respondió: "El combate actual contra la división y la reducción de la naturaleza humana no puede ser ingenuo, ni caer en el pacifismo *naif,* como si nos bastara con buena voluntad. De esta guerra que niega al otro sólo se sale a través de un combate que es, ante todo, espiritual. Y eso significa, en primer lugar, mantener la caridad por encima de cualquier otra virtud. Como dice santo Tomás de Aquino, la caridad es la forma de todas las virtudes, su perfección. Si el coraje no está amoldado por la caridad, se convierte en temeridad o en cobardía. Por eso la caridad está en el corazón del verdadero combate. Y este combate es, ante todo, un combate para amar: para amar incluso al enemigo, y para amarme a mí mismo en mis heridas. Se trata de aceptarme a pesar de mis caídas, y desde ahí acoger al otro. Es una lucha interior, que recuerda a la visión de san Agustín en *La Ciudad de Dios*".

Añadió que "el combate espiritual es un combate de contemplación y de amor. No es blando, es violento: empieza por dentro. Antes de hablar de combate cultural, necesitamos este combate interior por la verdad y por la caridad".

Cuando el periodista le pregunta acerca de si existe un proyecto internacional para combatir la naturaleza humana y la familia, declaró: "Yo no creo en un complot de hombres... porque creo en el demonio. Creo en Dios y creo en el diablo. Y por eso veo que sí, hay una estrategia espiritual, pero diabólica, no sólo cultural, para desfigurar al hombre, la naturaleza humana y la familia en la que nace. Cuando se niega el demonio, uno se expone a ser utilizado por él sin saberlo. Y a él no se le combate sólo con ideas, sino con un acto profundo de fe. Asistimos a un combate de verdad, en el que la esencia del hombre se defiende desde su vocación eterna: ser hijo de Dios. Veo pruebas evidentes de ello".

Por otro lado, el padre Robert Prevost, ahora papa León XIV, siendo prior general de los agustinos, preparó un texto para el Sínodo de los Obispos para la Nueva Evangelización, convocado por Benedicto XVI. Aquella comunicación está registrada con su propia voz en dos vídeos de *Catholic News Service* de fecha 8 de noviembre de 2012.

El que más tarde sería elegido Papa exponía el papel de los medios en la fabricación y manipulación del imaginario colectivo, con objeto de favorecer opciones de vida anticristianas e identificar el mensaje cristiano con modelos y referencias antipáticos y odiosos. Su parlamento no está referido a lo woke ni lo cita como tal, pero lo afirmado en buena parte está relacionado con él y se ven reflejadas algunas de sus actuaciones.

Prevost decía entonces: "Los medios occidentales de comunicación de masas son extraordinariamente eficaces promoviendo en la opinión pública una gran simpatía hacia creencias y prácticas contrarias al Evangelio: por ejemplo, el aborto, el estilo de vida homosexual, la eutanasia.

"Como mucho, los medios toleran la religión como algo inane o pintoresco siempre que no se oponga activamente a los posicionamientos en cuestiones éticas que los medios asumen como propios. Sin embargo, cuando la voz de las personas religiosas se alza contra esos posicionamientos, los medios ponen a la religión en el punto de mira, caracterizándola como ideológica e insensible ante las supuestas necesidades vitales de las personas en el mundo contemporáneo.

"La simpatía por las opciones de vida anticristianas que los medios alientan está incrustada en la opinión pública de forma tan brillante e ingeniosa, que cuando la gente escucha el mensaje cristiano, aparece inevitablemente como ideológico y emocionalmente cruel, por contraste con el supuesto humanitarismo de la perspectiva anticristiana.

"A los pastores católicos que predican contra la legalización del aborto o la redefinición del matrimonio se les retrata como ideologizados, duros y poco compasivos. Pero no por nada que ellos hayan hecho o dicho, sino porque la audiencia compara su mensaje con el tono bondadoso y compasivo de la imagen -que los medios han fabricado- de unos seres humanos atrapados en situaciones vitales moralmente complejas que toman decisiones que se presentan como sanas y buenas.

"Es el caso, por ejemplo, de cómo se representa hoy en las series de televisión y en el cine a las familias *alternativas*, incluidas las de parejas del mismo sexo que han adoptado hijos... [Añadía que] "si la nueva evangelización quiere contrarrestar con éxito esta distorsión mediática de la religión y de la ética, los pastores, predicadores, profesores y catequistas van a tener que estar mucho mejor informados sobre el contexto de la evangelización en un mundo dominado por los medios de comunicación de masas".

El P. Prevost recordaba que los Padres de la Iglesia ofrecieron una respuesta formidable a las corrientes literarias y retóricas no cristianas y anticristianas que actuaban en el Imperio Romano y definían el imaginario religioso y ético del momento, y merece la pena seguir su ejemplo. "Comprendieron al detalle las técnicas con las que los centros del poder secular de aquel mundo manipulaban las imágenes populares religiosas y éticas de su tiempo", y "su evangelización tuvo éxito en gran parte porque comprendieron los fundamentos de la comunicación social adecuada al mundo en que vivían".

El actual Papa creía que "la Iglesia debería resistir la
tentación de creer que puede competir con los modernos medios
de comunicación de masas convirtiendo la sagrada liturgia en un
espectáculo. También en esto, Padres de la Iglesia como Tertuliano
nos recuerdan hoy que el espectáculo visual es el dominio propio
del siglo, y que nuestra misión es introducir a la gente en la naturaleza del misterio como un antídoto al espectáculo.

"En consecuencia, la evangelización en el mundo moderno debe
encontrar los medios adecuados para redirigir la atención pública,
alejándola del espectáculo para introducirla en el misterio".

La Victoria de Cristo está asegurada

Entre las múltiples frases geniales de Gilbert G. Chesterton está la siguiente: "El mundo moderno está lleno de ideas cristianas que se han vuelto locas". En efecto, virtudes o principios cristianos han sido separados de su base religiosa o moral en no pocas ocasiones, hasta el punto de convertirse o ser utilizados por elementos de signo muy distinto, incluso por enemigos de lo cristiano.

Basten algunos ejemplos. Las ideas de Libertad, Igualdad y Fraternidad de la Revolución francesa son absolutamente cristianas, pero en buena parte han sido otros los que las han implantado en el conjunto de la sociedad. Y, además, lo han hecho de forma violenta y contraria a los propios principios que pretendían impulsar, incluso con una orgía de sangre. Una muestra de que la inacción o pasividad de los cristianos tiene mucha culpabilidad. A lo largo de la historia ha habido graves pecados de omisión.

Los mismos regímenes comunistas. En principio, al menos en teoría, son defensores de la igualdad entre todos, de la justicia social, incluso de la paz. Valores cristianos. ¡Y ya se vieron los resultados! Millones de muertos, infinidad de oprimidos, pérdida de las libertades, grandes miserias.

Los woke, por su lado, reivindican justicia, y en algunos aspectos tienen razón. Pero, en lugar de soluciones, las ideologías que aglutina han traído más tensión, junto a la negación o perversión de principios fundamentales de la persona humana.

Se da la circunstancia de que quien de verdad tiene la respuesta a que impere la justicia, la igualdad, el respeto, es el cristianismo. En este las virtudes son armónicas entre sí. Por ejemplo, justicia y misericordia son distintas, pero se complementan, y a donde no llega la justicia da el paso la misericordia. Separadas, en un contexto laicista, no compatibilizan, haciendo de la justicia a menudo una reivindicación de venganza. Y no se entiende en absoluto la misericordia, la cual, como mucho, se atribuye a debilidad.

Urge que los cristianos asuman, asumamos de forma más activa, el papel que nos corresponde en esta transformación del mundo. Empezando por formarnos para conocer a fondo la propia fe y la Doctrina Social de la Iglesia. Para un cristiano, participar en esta batalla por la justicia es fundamental, saliendo al paso de estas fórmulas (lo woke en este caso) que no llevan a buen puerto. Como escribió San Josemaría, "estas crisis mundiales son crisis de santos".

Nadie consciente de la importancia de esta lucha puede quedar al margen, aunque, ciertamente, se complique la vida. Desterrando pesimismo y comodidad. En primer lugar, el error de pensar que el mundo ha asumido los postulados woke y nada se puede hacer para cambiarlo. Esta actitud, aparte de justificar el propio aburguesamiento, lleva al pesimismo y a la nostalgia, quizás centrándose en la idealización del pasado. Otro riesgo es el de pensar que "esto pasará, tarde o temprano se normalizará", lo cual es cierto, porque, como dice el refrán, "no hay mal que dure cien años", pero olvidando que no pasará solo, sino que hay que empujar para que pase pronto, para minimizar sus daños y sustituirlos por bienes.

Hay que rechazar comodidad y pesimismo y participar en esta batalla con una sana militancia, que nada tiene que ver con odios ni agresividad, sabiendo que las armas son la pasión por la verdad y el amor a las personas. Recordando también que no hay soluciones "católicas", en el sentido de que la válida sea una fórmula determinada.

Afortunadamente, en los últimos años van surgiendo núcleos de cristianos dispuestos a ser combatientes sin complejos en esta batalla, sin temer ser calificados de anticuados, carcas, "ultracatólicos", fascistas... y aceptando pagar su cuota de dolor. San Pablo escribió en la Segunda Carta a Timoteo (cap. 4) que *"he combatido con valor. he corrido hasta la meta, he mantenido la fe"*. Luchó intensamente y padeció muchísimo por Cristo.

Es una batalla en el campo cultural, con una vertiente intelectual y otra en la vida cotidiana, pero, como se ha dicho, en el fondo es una batalla espiritual. Y en ésta el demonio está siempre presente. Es listísimo y sabe engañarnos. Basta pensar que si engañó a Adán y Eva que estaban en gracia, ¿cómo no nos va a enredar a nosotros? Pero no debemos temer a pesar de que parezca que todo está en contra. La victoria está asegurada, aunque se esté en minoría. Cristo prometió: "Yo he vencido al mundo". Quien gana la batalla es Él. Y la Iglesia ha ido enterrando a todos sus enterradores a lo largo de la historia.

Una de las historias del Antiguo Testamento que más me encanta es la de Gedeón. En el Capítulo 7 del Libro de los Jueces se explica que Yahvé redujo el ejército de Gedeón de 22.000 hombres a solo 300, descartando a todos los demás, y con ello derrotó a un ejército madianita muchísimo más grande. Para demostrar que la victoria sería obra de Dios y no de la fuerza humana.

Para un cristiano es una gran suerte tomar parte en una batalla de la que se sabe que el triunfo está garantizado, aunque es muy probable que las personas que luchan no vean el resultado y, momentáneamente, pierdan muchas batallas.

Por ser una batalla espiritual son fundamentales las armas espirituales. Jorge Fernández Díaz, ex ministro español, explica en su libro *El tiempo de María* (2025) que en una audiencia en que le recibió Benedicto XVI ya como papa emérito, le preguntó (refiriéndose a España, pero es válido aplicarlo más ampliamente) cuáles eran las armas para derrotar al demonio, y el Papa respondió: Primero, la humildad; Segundo, la oración; Tercero, el sufrimiento; Cuarto, la devoción a la Santísima Virgen.

Durante las vigilias de Adoración al Santísimo, en algunas iglesias se canta una canción de texto muy breve, titulada "Ven y descánsate". Dice "Ven y descánsate en Dios", que se repite, y un estribillo: "Y deja que Dios sea Dios. Tú sólo adórale".

Poner cada uno de su parte lo que le es posible, pero dejándolo de forma sustancial en sus manos. Él lo cambiará de la forma más adecuada.

Puentes más que trincheras

Construir puentes, clave para una sociedad más fuerte

Construir puentes entre personas que defienden posiciones enfrentadas nunca es tan importante y urgente como en tiempos de polarización político-social o de conflictos ideológicos fuertes como en la actualidad, en que el diálogo escasea y las diferencias se convierten rápidamente en muros. Como complemento, las redes sociales mal utilizadas contribuyen a exacerbar los enfrentamientos. Sin embargo, la historia demuestra que los momentos de mayor avance humano han surgido precisamente cuando las diferencias se han afrontado con respeto, curiosidad y voluntad de entender al otro.

Vamos a exponer las posibilidades de tender puentes en el conjunto de la sociedad, para referirnos más tarde al diálogo con los woke.

El arte de tender puentes

Construir puentes entre grupos enfrentados no significa ceder en las propias convicciones, sino estar dispuestos a escuchar, dialogar y buscar puntos en común incluso con quienes están en las antípodas de nuestra forma de pensar. Este esfuerzo exige empatía, paciencia y, sobre todo, una mente abierta. Sin este tipo de conexiones humanas, las sociedades se estancan en trincheras ideológicas, incapaces de avanzar hacia soluciones compartidas.

Una primera exigencia de todo diálogo profundo es no dinamitar nunca los puentes, aunque las relaciones se suspendan o rompan una y otra vez. Quienes mantienen los puentes abiertos, y a ser posible en buen estado, están en mejores condiciones de convivir... y, quizás, de comprobar que los adversarios cambian de postura, o al menos de actitud. La vida es larga y a menudo la gente evoluciona, o las circunstancias hacen que las cosas se vean de otra forma. Si no se han destruido los puentes siempre es recuperable la relación y, a veces, producirse el cambio.

Muchas personas podrían exponer testimonios de reconciliación y convivencia en la vida ordinaria. Y en la Historia, en mayúscula, en clave político-social, se encuentran muchos ejemplos de cómo superar la división. Basten algunos:

A pesar de las diferencias extremas entre los estados del norte y del sur, y con un país roto, Abraham Lincoln insistió en la necesidad de sanar los Estados Unidos con "malicia hacia nadie, con caridad para todos". Se enfocó a tender puentes incluso en medio de la violencia, preparando el camino para una futura reunificación.

Aún más explícito y reciente es el caso de Nelson Mandela y la reconciliación post-apartheid en Sudáfrica. Tras pasar 27 años en prisión, salió sin sed de venganza y con la voluntad de reconciliar una nación profundamente dividida por el racismo. En lugar de seguir un camino de confrontación, cuando ya tenía las de ganar y poder imponerse a quienes le habían postergado y encarcelado, eligió colaborar incluso con antiguos enemigos para construir una democracia multirracial. Su capacidad de tender la mano al adversario fue fundamental para evitar una guerra civil.

En España, la experiencia de Adolfo Suárez y la transición democrática tras la dictadura franquista. Un peligroso clima de tensión podía abocar a enfrentamientos muy graves. Suárez, con un pasado vinculado al régimen anterior, fue clave en la transición hacia una democracia plural. Logró reunir en los mismos foros a comunistas y conservadores, demócratas y autoritarios, militares y antimilitaristas, monárquicos y republicanos, promoviendo un consenso que parecía imposible. La Constitución de 1978 fue el resultado de esa voluntad colectiva de entenderse. Las Cortes franquistas se autodisolvieron y la oposición evitó maximalismos, pudiendo convivir personas de líneas absolutamente divergentes, lo que suele ejemplarizarse en las figuras de Santiago Carrillo y Manuel Fraga. Se dijo con gran acierto que hicieron la transición los que habían hecho la guerra civil o sus hijos, que conocían lo sucedido y en muchos casos lo habían padecido. Sus nietos y biznietos ya van por otras rutas y no saben calibrar lo que fue. Más aún, reniegan del que llaman el Régimen del 78, ¡santa ignorancia! Curiosamente, en ellos ha penetrado lo equivalente a lo woke, con reivindicaciones acerca de sus bisabuelos, a los que no conocieron, ni saben lo que pasó, ni lo que sus antepasados de uno y otro bando hicieron.

En sentido contrario al diálogo, a la comprensión, al perdón, se ven los malos resultados de cronificar los enfrentamientos porque los vencedores han querido machacar al perdedor.

Las tres guerras púnicas entre Roma y Cartago (264-241, 218-201 y 149-146, todos a. de C.) son un intento de revancha de los cartagineses ante las desmedidas exigencias romanas. En la tercera, total destrucción de Cartago.

Guerra franco-prusiana de 1870. Creación del Imperio alemán, tratado de Frankfurt (1871) con graves repercusiones en Francia (cesión de Alsacia, del norte de Lorena y parte de los Vosgos, además de pagar grandes indemnizaciones), pero tras la Primera Guerra Mundial se invierten las tornas y en el Tratado de Versalles se exigen a Alemania enormes indemnizaciones de guerra y se le atribuyen todas las culpas del conflicto... Ya se sabe que contribuyó a la radicalización en Alemania y a la llegada del nazismo. Y, peor, a la Segunda Guerra Mundial.

U otros, como el tratado de Tilsit que Napoleón impuso a Prusia y Rusia, países que se vengarían unos años más tarde. O el de Brest Litovsk de 1918 con las exigencias extremas del Imperio alemán sobre los bolcheviques que acababan de llegar al poder en Rusia.

Marco de empatía y comprensión

Partimos de la base de que las personas no solo pueden coexistir, sino incluso convivir pacíficamente respetando sus diferencias sin caer en una fuerte polarización. Y que pueden dialogar sobre sus discrepancias sin considerar al otro un enemigo.

Muy sustancial en todo diálogo entre enfrentados, sea cual fuere el tipo de discrepancia, es la relación personal directa y respetuosa, y aún mucho mejor si hay amistad. Ello no impide explorar otras posibilidades de encuentro con participación amplia, válidas para cualquier tipo de interrelación.

Con una actitud de empatía y comprensión ir creando el marco adecuado, y a partir de ahí, iniciativas como las siguientes:

- Crear espacios de encuentro tales como organización de conferencias, debates o talleres donde se fomente el análisis profundo de las ideas en lugar de limitarse a etiquetar al contrario y a rechazar apriorísticamente sus posturas. Se pueden exponer los puntos de vista de manera respetuosa y constructiva, y compartir experiencias personales pensando en construir puentes en lugar de levantar muros.

- Resaltar la importancia de valores universales en los que se pueda coincidir, tales como la defensa del derecho de cada persona a expresarse y vivir según sus propias creencias sin imponer a los demás una ideología común o "correcta" desde una perspectiva social.

- Proponer programas que ayuden a reconectar con valores tradicionales o más cercanos a elementos que algunos defienden, como el respeto a la naturaleza humana y el medio ambiente, la familia, la libertad de pensamiento, etc.

- Promover el retorno al sentido común. Los woke sostienen posiciones tan estrafalarias en algunos aspectos, tan alejadas de la realidad social o de la biología que la aplicación del sentido común las diluirá. Con el paso del tiempo muchos woke se darán cuenta que lo suyo no encajaba con la realidad.

- Poner en marcha plataformas (o redes) donde se ofrezcan contenidos que promuevan la lógica, el sentido común y la importancia de los valores que se defienden.

- Evitar el lenguaje polarizante que crea más división. En lugar de simplemente criticar, es beneficioso hablar sobre los problemas concretos que se perciben en la sociedad y en las personas y exponer las alternativas que ofrecen unos y otros. En la solución de asuntos concretos puede haber más coincidencias que en el debate de ideas.

- Proponer alternativas que no sean solo una oposición a las posiciones del contrario, sino afirmación de los que se consideran valores fundamentales para la sociedad: la autonomía individual, la importancia de la familia, el respeto por la naturaleza, entre otros. Es decir, promover una identidad positiva.

- Involucrarse en el ámbito político y social, proponiendo políticas equilibradas, trabajar con representantes políticos para impulsar leyes y políticas que respeten la libertad de expresión y el pensamiento crítico, pero que también promuevan la igualdad y el respeto por todos.

- Unir fuerzas con otros grupos que puedan tener objetivos similares en la defensa del sentido común y la preservación de valores que consideren fundamentales.

La clave, por tanto, estaría no tanto en oponerse

por sistema a los criterios y argumentos del adversario (en este caso lo "woke") aunque estén muy distantes de los propios, sino también proponer alternativas constructivas basadas en el diálogo, el respeto mutuo y la promoción de valores que fortalezcan a la sociedad en su conjunto. De este modo, se puede fomentar una regeneración cultural sin caer en la polarización o el conflicto constante.

Ir aún más allá

Como suplemento fundamental a aquella actitud constructiva, en el diálogo hay que poner amor. Es muy claro para un cristiano, y empieza por no menospreciar al otro. Una idea expresada por el papa Francisco fue que "un cristiano solo tiene permitido mirar a una persona de arriba hacia abajo para ayudar a levantarse, nada más", y precisaba que la vida cristiana no consiste en "escalar" ni estar por encima de nadie, sino en caminar o atravesar juntos el camino, actuando con fraternidad, siguiendo el camino de Jesús. Hablar con todos y ayudarles.

En la misma línea de evitar enfrentamientos y polarizaciones tener la habilidad y la audacia de evitar todo lo que pueda distanciar o enfrentar en las relaciones ordinarias. Recuerdo cómo lo aplicaba San Josemaría hasta en asuntos muy menores. Por ejemplo, cuando entre los jóvenes se organizaban partidos de fútbol -también entre reclusos de una cárcel- animaba a evitar que cada equipo lo formaran los de un solo país, una religión, una etnia, una organización social o grupo de pensamiento, sino mezclados unos con otros.

¿Es posible el diálogo cristianismo - woke?

En el capítulo anterior expresamos la convicción de que dialogar o debatir sobre cualquier asunto siempre debería ser posible, incluso cuando se parte de posiciones muy enfrentadas. Por tanto, también entre el cristianismo y lo woke. Reconozco que entre pensadores cristianos tal criterio no es asumido de forma unánime. Posiblemente ni siquiera es mayoritario. En primer lugar porque entre lo woke y el cristianismo hay diferencias radicales en la visión antropológica y, también, en aspectos de la praxis ordinaria. Entre otros, donde el cristianismo busca justicia desde el amor, la verdad y la misericordia, lo woke tiende a querer imponer formas de justicia que pueden volverse punitivas, canceladoras o sin espacio para el perdón. De otro lado, y sobre todo, porque los woke suelen ser muy radicales en sus planteamientos y el talante de la mayoría de ellos no facilita la interacción y menos aún la empatía, porque la mayoría de woke se cierran a todo diálogo con quienes parten de una óptica cristiana.

Algunos analistas católicos han llegado a la conclusión de que la mayoría de personas woke, al menos las más radicales, son irrecuperables, que regenerarlas es imposible porque su mente ha sufrido tal mutación que se han incapacitado para captar con lógica la realidad, porque han perdido el sentido común. Entienden que no hay marcha atrás en una persona que ha llegado a deformar de tal modo su conciencia que promueve el aborto en toda circunstancia y lo convierte en un derecho, ni en la feminista para la cual la relación hombre-mujer solo es de enfrentamiento como nueva lucha de clases, o entre los LGTBI+ con sus victimismos y reivindicaciones que la sociedad ha convertido en privilegios, ni en los ecologistas radicales que a menudo abogan contra el ser humano con el supuesto objetivo de conservar el planeta como si éste y los animales fueran más importantes que las personas, o en los animalistas incapaces de vislumbrar la distancia entre el hombre y las bestias, ni en los ofuscados presentadores de indigenismos como paraísos terrenales previos a la llegada de los colonizadores mientras estos son la encarnación del mal, ni en los que han hecho de la lucha racial un componente permanente de su vida, ni en los que arrastran y esgrimen los agravios históricos hasta el extremo de negar toda posible reconciliación, etc.

Por tanto, ante las diferencias entre el pensamiento cristiano y el marco mental y espiritual del wokista, algunos consideran que estas personas son "irrecuperables". Entre quienes así lo declaran está la escritora Irene González Fernández, jurista, líder de opinión y autora del libro *Salvar Europa*. Entrevistada por *Religión en Libertad* (11/04/25) respondió así a la pregunta de si con la llegada de Trump a la Casa Blanca se pone fin al wokismo: "Lo woke ha hecho ya su trabajo, que ha sido destrozar las almas y los cerebros de, al menos, dos generaciones. Ha conseguido dar un paso de gigante en una agenda transhumanista, a través de la ideología de género, de la climática… Pero aunque lo woke vaya a estar durante unos pocos años dado de lado, hay muchísima gente que ya está totalmente irrecuperable".

"Porque para revertirlo totalmente requeriríamos décadas de política global en un sentido opuesto. No es suficiente con que haya muerto en Estados Unidos, porque además no ha muerto en todo

Estados Unidos y menos en Europa. Aunque no volviese en un futuro próximo… ya ha hecho el trabajo de derribo suficiente, y, personalmente, creo que volverá en unos años en una segunda fase, y se llamará igual o de otra forma".

Frente a lo woke, y también ante otras ideologías o sistemas que considera negativos, Irene González llama a los cristianos a la acción, a que se evangelice sin parar, e invita a salir a la calle: "Si callamos ante el mal le hacemos un favor al mal y a la mentira".

Irene González denuncia también que las instituciones (se refería sobre todo a las europeas) no adoptan una actitud neutral en materia religiosa, sino que imponen el laicismo, y afirma que el ateísmo es una verdadera religión, pero una religión "que no pretende moralizar, porque no hay virtudes verdaderas detrás de ellos que busquen tu bien. Buscan tu sumisión".

Otros analistas son incluso más radicales que Irene González respecto a lo woke, al cual identifican con el mal absoluto, y sentencian que con el mal, como con el diablo, no se dialoga. Incluso parten del principio de que los woke no saben lo que es el mal y no lo reconocen cuando lo tienen delante, por lo cual nada se logra dialogando con ellos, incluso aunque se ceda en algunos aspectos. Manifiestan que al mal se le combate, se le enfrenta, se le rechaza, se le golpea, se le muerde si hace falta, pero no se le debe entregar un solo centímetro, porque cada vez que se hace esto el mal avanza. Están convencidos de que lo woke ha contribuido a la descristianización y a la vez es consecuencia de ella, que la relación con lo woke conlleva un peligro de relativismo o de dilución doctrinal que podría dejar a los fieles desorientados ante los retos culturales contemporáneos, y que si no se predica la verdad con claridad se corre el riesgo de que el Evangelio se confunda con la ideología dominante.

Solo el diablo es el Mal absoluto

Aun reconociendo que el diálogo con los woke es difícil, muy difícil, no comparto la posición de quienes pretenden cerrarse a ello de forma absoluta. Sólo el Diablo es el Mal absoluto, en toda persona hay algo de bueno y del tronco más seco pueden surgir algunos brotes. La llamada a la batalla contra lo woke, que reafirmamos, no implica atacar o menospreciar a quienes tienen tales ideas. Además, al igual que con otros que están alejados de Dios, para salvarlos se debe estar dispuesto a ir con ellos hasta las mismas puertas del infierno, como decía San Josemaría.

Estar abierto al diálogo no es una visión buenista. Al igual que les ocurre a muchos críticos, las actuaciones o las manifestaciones de algunos woke suscitan en mi mente la idea de que tales personas son irrecuperables, pero sé que es una percepción equivocada. A pesar de tanta ofuscación, nadie es irremisiblemente irrecuperable. Las personas siempre pueden cambiar y de vez en cuando se dan vuelcos que parecían imposibles y, sin embargo, se dieron. Como diversos médicos y enfermeras abortistas que se transformaron en grandes defensores de la vida, o algunos activistas gay convertidos en militantes de mejores causas. Seguramente serán muchísimos más los que no se aparten ni un milímetro de sus planteamientos y parecerá que el diálogo con ellos no

habrá servido, pero quizás cambien años más tarde, o…
cuando se acerca la hora de la muerte. Un cristiano no
puede olvidar nunca el amor de Dios por aquella persona y que Cristo también murió por ella.

A nivel práctico entendemos que el diálogo puede ser una estrategia efectiva, que busca crear puentes en
lugar de muros, reconociendo que, hoy, muchas personas no responden a la lógica del deber o del pecado,
sino a la del sufrimiento y el deseo de pertenencia.

Es una realidad que los woke tienen visiones y
praxis distorsionadas sobre muchos asuntos. Más aún, si
se profundiza se detecta un componente de odio en el
actuar de muchos de ellos. Así, por ejemplo, hablan de
paz y con razón protestan ante rearmes militares, pero
ellos son los más agresivos. Quizás no tiran bombas, pero nadie como ellos hace escraches, insulta, cancela a los
demás. Me recuerda el actuar de los comunistas del bloque soviético de los años 50 y 60 del siglo pasado.
Pregonaban la paz, pero eran los que más se armaban, a
la vez que utilizaban los partidos comunistas de los países occidentales como caballo de Troya para erosio-
narlos desde dentro aprovechando la libertad de acción
que permite la democracia. De otro lado, machacaban
con sus tanques a los disidentes de los países que contro-
laban, como ocurrió en Alemania del Este, en Hungría,
en Polonia o, en Checoslovaquia.

Es también muy evidente que amplios sectores
woke adoptan actitudes intolerantes frente a la menor
crítica, y que muchos que se identifican con movimientos como el feminismo o los derechos LGTBI
intentan mostrarse muy inflexibles en sus posturas

porque sienten necesidad de defender unos derechos que, en su opinión, históricamente han sido negados o silenciados. Pocos feministas y activistas LGTBI+ están abiertos a debatir, a revisar ideas, a incorporar matices, pero sí algunos. Con estos es posible un diálogo crítico si entienden el activismo como una herramienta para cambiar cosas y no como una identidad cerrada. Para empezar, una clave puede estar en no caer en la caricatura de "todos los feministas son radicales" o, desde el bando contrario, "todos los críticos son retrógrados". Hay más posiciones intermedias de lo que parece en redes sociales o medios de comunicación.

Quien dialogue con los woke puede reconocerles que en el inicio del movimiento había mucha razón al luchar contra el racismo, y que aún falta mucho camino por recorrer. Y que el feminismo reivindicaba en sus primeras etapas lo más elemental y justo, aunque luego se haya pasado de rosca. O que los homosexuales habían sido históricamente maltratados, incluso escarnecidos o torturados, y ello había que corregirlo por ser un ataque a la dignidad de la persona y una falta de caridad. Tratar de hacerles ver que lo grave de su mutación es haber llevado muchas cosas al paroxismo y lo que eran exigencias justas se han desbordado en no pocos casos, convirtiéndolas en privilegios e intentando imponer a todos lo que destruye la naturaleza humana.

Respeto y amistad

Todo verdadero diálogo exige empatía, tratar de comprender a las personas, y también intentar conocer sus circunstancias. Quizás han llegado ahí porque los rechazos, frustraciones o falta de cariño a lo largo de su vida les han hecho ver las cosas de aquella manera.

Al mismo tiempo que se combaten las ideas, respeto a las personas. Más aún, cariño hacia ellas. Reconociendo que cuesta en este caso, porque no solo se confrontan ideas, sino que se tiene la experiencia de que los woke llevan años cancelando e insultando a los demás e intentando imponer a todos lo suyo, incluso esgrimiendo una supuesta superioridad moral cuando en realidad sus ideas eran un desastre. Aún más, han acusado a muchos de tener intereses bastardos simplemente por defender algo distinto a sus propuestas.

Aun combatiendo las ideas, las personas nunca deben ser miradas por encima del hombro. Desterrar la indiferencia. No nos involucramos en un proceso de diálogo simplemente para mantener nuestras posiciones, sino para caminar juntos en busca de la verdad. Cuando las personas pueden decirse abiertamente lo que piensan sin romper su relación tienen recorrido un buen trecho. Por el contrario, si una de las partes considera cualquier crítica como una forma de violencia o discriminación, el diálogo puede bloquearse, porque se sumerge en una lógica de confrontación o de protección identitaria extrema.

Acudir a dialogar exige siempre humildad, ir sin prepotencia ni supremacismo, con la honesta determinación de intentar ver la parte de verdad que pueda haber en los planteamientos del otro. Ello no quita firmeza en los conceptos. Incluso considerando al otro equivocado en casi todo, es posible que tenga una justificación que le llevó a las ideas que tiene. Por experiencia conozco casos concretos. ¡Cuántos rebeldes o antifamilia lo son por lo que vivieron! Por ello es interesante intentar conocer los motivos de su actuar. Añadiendo un ingrediente fundamental: querer a las personas incluso con sus defectos.

Reiteramos que el cristiano ha de intentar hacer ver a su interlocutor que lo woke ha sufrido una transformación en negativo a partir de sus objetivos iniciales. De la reivindicación de unos derechos evidentes que exigían ser reconocidos porque eran vulnerados (como la discriminación racial o la falta de respeto o incluso agresividad hacia las personas homosexuales) se ha pasado a convertir en derechos lo que son deseos, y algunos de estos desbordados de toda lógica y contrarios a la naturaleza. Y que ello ha abierto una batalla en el terreno de las normas morales frente al antojo del yo, del sentido religioso frente a laicismo, y hasta del sentido común frente a ideología. Intentar hacer llegar a la mente del woke la idea de que algunas revoluciones empezaron muy bien, con reivindicaciones justas, pero luego degeneraron o tomaron vías erróneas o extremas, y ahí están la de la mujer, la ecológica, la LGTBI+… Con respeto, pero con contundencia, tratar de hacerles entender que lo que en un primer momento podía significar el despertar de los desfavorecidos y secularmente marginados, ha abocado a una opresión ideológica que ha asumido las aberraciones de una serie de movimientos, agravándolo además con la agresividad hacia los contrarios y su cancelación para invisibilizarlos. Todo un magma que en su conjunto es diabólico.

Una carrera de fondo

Este diálogo cristianismo-woke, o simplemente

intercambio sentido común-woke, será una carrera de fondo, no un sprint. Puede durar mucho tiempo, años, y es fundamental mantener la relación sin nunca dinamitar los puentes. Muchas veces, la mayoría, los cambios de criterio vendrán más de la relación de amistad y cariño personal que de discusiones y enfrentamientos, en los que la tendencia de toda persona es encastillarse en lo propio y no escuchar al otro más que para rebatirlo, sin dejar una vía para intentar comprenderlo o incluso asumir que quizás tenga parte de razón.

Las formas de encuentro pueden ser muy diversas. No desechamos ni descartamos la posibilidad de plataformas, reuniones, congresos, etc., pero entendemos que no se debe caer en el lenguaje gaseoso del "encuentro", "diálogo", que a la postre no suele ser más que humo. Tenemos el convencimiento, reiteramos, que el ámbito principal será la relación interpersonal, uno a uno. Si hay amistad, y con ella confianza y respeto, si a las personas se las quiere se puede hablar de todo abiertamente, procurando no herir, ni juzgar conciencias. También sin ser simplista. Darse cuenta de la complejidad de las cosas y de las personas, discernir lo esencial de lo accidental, tomar en serio a la persona con la que se habla, hacer gestos de comprensión..., y también aceptar ver defraudadas nuestras expectativas si las cosas no salen como preveíamos o no se perciben resultados a corto plazo...

Tampoco debe olvidarse que el diálogo con los woke tiene componentes adicionales que lo hacen particularmente difícil. Empezando por calibrar que lo woke no es un pensamiento articulado y enmarcado en uno o unos pocos aspectos concretos, sino una amalgama de reivindicaciones y sentimientos, en unos casos muy concretos y en otros genéricos, y siempre con mil matices. Con unas personas habrá que tratar de un aspecto, con otras de otro, según sea su interés central: la ideología de género, el feminismo, la memoria histórica, el racismo, la pérdida de valor de la maternidad y la paternidad, el enfrentamiento social... A la vez, reconocerles los aspectos positivos que tienen casi todos.

Otro obstáculo en la eficacia de este diálogo es la inexistencia de unos dirigentes o líderes que puedan representar al conjunto del movimiento woke y que hablen en su nombre, de forma que en el caso de que tomaran una determinada decisión, alcanzaran unos acuerdos o moderaran su radicalidad, automáticamente los otros lo asumirían y respetarían. Por tanto, la dinámica de la relación en un clima de diálogo será la de trabajar para que las personas vayan cambiando una a una o en pequeños núcleos, porque progresivamente entiendan, o ellas mismas descubran, adónde ha llevado su ideología.

No pretender victorias rotundas ni inmediatas

Lo woke caerá. Alguna de sus vertientes creemos que se desmoronará como un castillo de naipes. De otras no cabe pensar en su extinción a corto plazo. Quizás en el futuro se lo conocerá con otro nombre, pero diversos de sus postulados pueden mantenerse mucho tiempo, décadas.

Nadie puede pretender una victoria definitiva sobre él, asestar el golpe que destruya totalmente al adversario y lo humille. Empezando porque cuando algo se hace con hostilidad hacia las personas y se busca su humillación, al final revierte en negativo de una u otra forma. Es una experiencia habitual en las relaciones que el ganar por goleada hundiendo al otro casi siempre produce reacciones peores. Los enfrentamientos planteados como destrucción del adversario o con exigencia de rendición incondicional siempre acaban mal, sea entre los mismos protagonistas, entre los que les siguen de inmediato o en las generaciones siguientes. La tensión reverdece en unos u otros. Por ello, la vía debe ser distinta. El ser humano es complejo y solo puede ser doblegado con el amor

Débiles, pero posibles puntos de encuentro

Aceptar que el diálogo woke-cristianismo es difícil no invalida que puedan explorarse posibles vías de coincidencia y de colaboración, que haya puntos en los que dialogar, zonas de contacto en las que corregirse mutuamente y colaborar en la práctica concreta del cuidado del otro, especialmente si se parte de una mirada compasiva, crítica y humana de la realidad. En los campos más dispares de la vida, entre las personas más distanciadas, puede encontrarse algún punto sobre el que coincidir y hasta sumar fuerzas.

Más que en debatir principios, en que es muy evidente que toda aproximación es muy difícil, un diálogo podría centrarse en algunos puntos clave prácticos:

1. *Preocupación por los marginados y excluidos*

- Cristianismo: Jesús se acercó a los pobres, los enfermos, los pecadores, las viudas, los extranjeros. Su mensaje es claramente de amor hacia quienes están en los márgenes, en las periferias.

- Woke: Pone el foco en los grupos históricamente excluidos u oprimidos (minorías raciales, sexuales, personas trans, etc.).

Por lo tanto, en los discursos y los objetivos de unos y otros hay coincidencia, aunque sea en el fondo, en la preocupación por la dignidad humana y por quien sufre injusticia.

2. *Crítica a estructuras de poder injustas*

- Cristianismo: Desde los profetas del Antiguo Testamento hasta el propio Jesús, hay una denuncia constante de los abusos del poder político, económico y religioso.

- Woke: Cuestiona sistemas sociales y estructuras que, según su criterio, perpetúan desigualdad y discriminación (racismo sistémico, machismo, colonialismo, etc.).

En consecuencia, ambos pueden coincidir en denunciar estructuras que generan sufrimiento humano.

3. *Reconocimiento del sufrimiento histórico*

- Cristianismo: Habla de la historia de pecado de la humanidad. Y aunque los pecados son esencialmente personales, de cada uno, no colectivos, se ve una responsabilidad global en que las personas fallaron a lo largo de la historia, y también hoy, en haber aceptado la esclavitud, injusticias, abusos, idolatría del poder, imposición con violencia...

- Woke: Busca visibilizar la historia de opresión que han vivido ciertos colectivos, para que no se repita ni se normalice, si bien a menudo lo hacen de forma abrupta.

Aunque desde el cristianismo se pone el énfasis en el perdón y en señalar que los errores históricos hay que juzgarlos en función de la mentalidad de cada época, bastantes aspectos de memoria y justicia histórica pueden ser terreno común.

4. Énfasis en la compasión

- Cristianismo: "Ama a tu prójimo como a ti mismo" es el mandamiento central. La compasión y la misericordia están en el corazón del Evangelio.

- Woke: Aunque desde un marco secular, promueve el respeto, el reconocimiento y la empatía hacia quienes han sido discriminados o sufren marginación.

La gran diferencia es que el cristiano pone el énfasis en el perdón y el woke no, bien al contrario, como se explicó. Aunque ambos pretendan tratar a los demás con humanidad, el woke limita la comprensión solo a "los suyos".

5. Llamadas al cambio y la conversión

- Cristianismo: Llama a la conversión personal y social, a cambiar el corazón y las estructuras de pecado.

- Woke: No lo centra en la persona individual, sino que promueve una transformación cultural, política y social que corrija desigualdades pasadas y actuales en el conjunto de la sociedad.

Por tanto, aunque con ópticas muy distintas, ambos invitan a no quedarse indiferente ante el mal o la injusticia.

6. Deseo de un mundo más justo

- Cristianismo: Aspira al Reino de Dios, donde reine la justicia, la paz, el amor y la verdad. Lucha por mejorar la sociedad, sabiendo que este mundo nunca será perfecto y que la plena salvación es el Cielo.

- Woke: Aunque no se plantee lo religioso ni la trascendencia, sueña con una sociedad más inclusiva, donde todos puedan vivir sin miedo ni exclusión.

A pesar de las diferencias sustanciales, los cristianos y los woke comparten la esperanza de una sociedad transformada para bien. Puede haber, por tanto, puntos de enlace. Débiles si se quiere, pero que tampoco hay que despreciar.

Combinar flexibilidad y firmeza

Hay que exponer los principios y convicciones con respeto, sin insultar ni herir, debatir con serenidad, justificar, dar argumentos, ponerse en el lugar del otro procurando entenderle. Actuar así sobre todo por el bien de los demás, por mantener las buenas relaciones, por cariño, por no convertir en barrera lo que puede ser vía de encuentro.

Todo ello conociendo el contenido de lo que se trasmite y discernir el grado de rotundidad con el que hay que defender las propias posiciones. Ser firme en los asuntos realmente importantes: Dios, la vida humana, la familia, la dignidad de las personas…, mientras en otros aspectos ser flexible y, a menudo, ceder. Hay muchos asuntos que no solo son opinables, sino de importancia muy limitada, nada trascendentales. También sobre ellos se pueden defender puntos de vista propios, pero no tendría sentido entrar en colisión con otras personas por ellos. Si hace falta en esto se cede, y punto. Por el bien de todos, por mantener la buena relación, por cariño, por facilitar la convivencia. Nada debe convertirse en barrera insalvable, pero mucho menos aún lo no sustancial.

A sensu contrario, merece la pena remarcar que en lo nuclear no se puede transigir. Hay que proclamar la verdad sobre el hombre y el mundo. Tal compromiso con la verdad es fundamental, por lo que sería un error y una falta de caridad dejarla de lado para evitar confrontaciones en nombre de la conciliación. Lo honesto y valiente, y provechoso para el propio interlocutor, es decirle la verdad. Hacerlo así es priorizar su bien, aunque quizás no lo acepte. Eso sí, expuesto en forma no agresiva.

Además, toda relación del cristiano con quienes están en las antípodas de sus planteamientos, será misericordiosa. Sabiendo que la misericordia se tiene con las personas, no con las ideas. Todas las personas son respetables, pero no lo son todas las ideas.

Más aún, hay que diferenciar entre misericordia y tolerancia. Esta última se limita a respetar, sin pretender cambiar al otro y quizás sin siquiera comprenderlo. No implica amarle, a diferencia de la actitud misericordiosa. Esta incluso incluye dejar claro que es falso apelar a la misericordia (de Dios) si no se busca la conversión. Porque algunos que llevan una vida desordenada a menudo recuerdan la misericordia de Dios como una justificación, sin intentar cambiar. Es un autoengaño, una trampa, no trigo limpio.

Y un aspecto colateral: En el diálogo con los woke no caer en el error de alabar políticas que han llevado a leyes o iniciativas gubernamentales que deterioran la dignidad de la persona.

Epílogo de urgencia

Este libro estaba a punto de editarse cuando el 10 de septiembre de 2025 se produjo el asesinato del activista político Charlie Kirk en Orem (Utah), Estados Unidos. Confieso que nunca antes había oído hablar de él. Una deficiencia mía.

A raíz de lo sucedido, en las semanas siguientes me interesé por conocer el máximo sobre la persona de Kirk, su obra y lo que sobre él se decía. Una de las sorpresas más desagradables fue comprobar que no pocos políticos, medios de comunicación y muchísimos usuarios de las redes sociales de todo el mundo, sobre todo de Estados Unidos, se alegraban del asesinato. Unos lo expresaban de forma abierta, otros más velada pero evidente. Lamenté la bajeza de tantas almas deformadas por el odio.

Al leer, escuchar o visionar un buen número de informaciones y comentarios de fuentes diversas comprobé, de otro lado, que lo que sobre Charlie Kirk publicaban la mayoría de medios de comunicación españoles era enormemente sesgado y siempre hostil. Se le presentó a priori una y otra vez como racista, xenófobo, homofóbico, machista, islamofóbico, transfóbico, de extrema derecha…

Se podía estar o no de acuerdo con los planteamientos políticos, visiones sociales y creencias religiosas de Charlie Kirk, por supuesto. Yo mismo discrepo de algunas de sus posturas, pero en su conjunto lo reconozco como un gigante, un joven no solo de gran inteligencia y capacidad de trabajo sino de una enorme grandeza, generosidad y valentía. Más allá de criterios políticos, defensor de la vida frente al aborto, promotor de la familia y del valor del espíritu, un hombre de fe. Todo ello argumentado desde el sentido común y en diálogo abierto con todos y sin complejos. Era un claro opositor a lo woke. Las acusaciones contra Kirk antes citadas son las formuladas de manera habitual contra todos los que no ceden ante los desvaríos woke.

Charlie elevaba el alma, pero más aún lo hizo su joven viuda, Erika Kirk. "Perdono a quienes lo han hecho", dijo abiertamente en el funeral ante decenas de miles de personas presentes y de cientos de millones de todo el mundo que lo verían en los informativos. Fue una confesión de perdón, de fe y de esperanza. En lugar de odio y deseo de revancha era una llamada al amor y al despertar espiritual.

Daniel Arasa